混合动力汽车
能量管理策略与群智能优化

Energy Management Strategy
and Swarm Intelligence Optimization
for Hybrid Electric Vehicles

陈泽宇　周　楠　著

清华大学出版社
北京

内 容 简 介

本书总结了作者团队近年来在混合动力汽车能量管理策略领域的研究成果,共分8章:第1章介绍新能源汽车发展背景及现状;第2章介绍混合动力汽车的系统结构及控制原理;第3章介绍电动汽车城市运行工况的构建方法;第4章介绍混合动力能量管理策略全寿命周期设计框架;第5章介绍能量管理策略的粒子群优化方法;第6章介绍能源价格波动情况下的模拟退火粒子群优化策略;第7章介绍基于粒子群算法的短时预测能量管理策略设计方法;第8章介绍考虑电池安全性的庞特里亚金极小值原理优化算法。

本书可作为从事新能源汽车领域的技术人员提供参考,也可作为高校车辆工程、自动化类等专业的研究生课程教材。

版权所有,侵权必究。举报: 010-62782989, beiqinquan@tup.tsinghua.edu.cn。

图书在版编目(CIP)数据

混合动力汽车能量管理策略与群智能优化/陈泽宇,周楠著. —北京:清华大学出版社,2023.8 (2024.1重印)
ISBN 978-7-302-64141-4

Ⅰ. ①混… Ⅱ. ①陈… ②周… Ⅲ. ①混合动力汽车—能量管理系统 Ⅳ. ①U469.7

中国国家版本馆 CIP 数据核字(2023)第 131898 号

责任编辑:许　龙
封面设计:傅瑞学
责任校对:赵丽敏
责任印制:曹婉颖

出版发行:清华大学出版社
　　　网　　址:https://www.tup.com.cn, https://www.wqxuetang.com
　　　地　　址:北京清华大学学研大厦 A 座　　　邮　　编:100084
　　　社 总 机:010-83470000　　　邮　　购:010-62786544
　　　投稿与读者服务:010-62776969, c-service@tup.tsinghua.edu.cn
　　　质量反馈:010-62772015, zhiliang@tup.tsinghua.edu.cn
印 装 者:三河市君旺印务有限公司
经　　销:全国新华书店
开　　本:185mm×230mm　　　印　张:9　　　字　数:196 千字
版　　次:2023 年 8 月第 1 版　　　印　次:2024 年 1 月第 2 次印刷
定　　价:59.80 元

产品编号:079924-02

前言

发展节能与新能源汽车关乎国家能源安全与经济命脉，是实现"碳达峰、碳中和"目标的重要举措。在此背景下，混合动力与电动汽车已经成为当前汽车工业发展的重要方向。能量管理策略是混合动力汽车关键技术之一，本书总结了作者团队近年来在该领域的研究成果，阐述了行驶工况构建方法、混合动力系统能量管理策略以及群智能优化方法，希望能为从事新能源汽车领域的技术人员提供参考，也可作为高校研究生相关课程的教材。

本书分8章：第1章介绍新能源汽车发展背景及现状；第2章介绍混合动力汽车的系统结构及控制原理；第3章介绍电动汽车城市运行工况的构建方法，并给出了沈阳城市工况构建实例；第4章介绍混合动力能量管理策略全寿命周期设计框架；第5章介绍能量管理策略的粒子群优化方法；第6章介绍能源价格波动情况下的模拟退火粒子群优化策略；第7章介绍基于粒子群算法的短时预测能量管理策略设计方法；第8章介绍考虑电池安全性的庞特里亚金极小值原理优化算法。

本书由东北大学陈泽宇、周楠撰写，参加撰写的还有张渤、张浩、张清、刘博、方志远、王子荣等。本书的出版得到了国家自然科学基金项目（51977029）与东北大学PBL教学法研究与应用项目（NEUJX04224）的资助，谨在此表示衷心感谢！

受作者水平所限，书稿内容难免存在不当之处，敬请谅解。书中算法代码核心部分已开放至附录中，并配有电子版的完整代码，如有需要可下载。希望以此书为交流平台，共同促进新能源汽车控制技术的发展进步。

作　者
2022年12月

目录

第1章 绪论 ·· 1
  1.1 新能源汽车的分类 ··· 2
    1.1.1 纯电动汽车 ·· 2
    1.1.2 混合动力汽车 ··· 2
    1.1.3 燃料电池汽车 ··· 3
  1.2 新能源汽车的发展现状 ·· 3
    1.2.1 国内发展概述 ··· 3
    1.2.2 国外发展概述 ··· 5
  1.3 混合动力系统与能量管理技术 ·· 6
  1.4 本章小结 ·· 7

第2章 混合动力汽车结构与原理 ··································· 8
  2.1 混合动力系统结构 ··· 8
    2.1.1 串联式混合动力系统 ··· 8
    2.1.2 并联式混合动力系统 ··· 9
    2.1.3 混联式混合动力系统 ··· 10
  2.2 串联式混合动力系统控制模式 ··· 11
  2.3 并联式混合动力系统控制模式 ··· 13
  2.4 混联式混合动力系统控制模式 ··· 14
  2.5 本章小结 ·· 19

第3章 行驶工况构建方法 ·· 20
  3.1 行驶工况概述 ·· 20
    3.1.1 行驶工况的概念 ··· 20

        3.1.2 国外典型行驶工况 ………………………………… 20
        3.1.3 国内典型行驶工况 ………………………………… 23
    3.2 行驶工况构建算法 ……………………………………………… 23
        3.2.1 工况构建步骤 ……………………………………… 23
        3.2.2 数据采集 …………………………………………… 24
        3.2.3 特征解析 …………………………………………… 24
        3.2.4 片段最优选取策略 ………………………………… 25
        3.2.5 工况构建及验证分析 ……………………………… 27
    3.3 行驶工况实例 …………………………………………………… 28
        3.3.1 实验数据的采集、处理及特征参数提取 ………… 28
        3.3.2 工况构建过程 ……………………………………… 29
        3.3.3 结果分析 …………………………………………… 32
    3.4 本章小结 ………………………………………………………… 34

第4章 混合动力系统最优能量管理策略设计框架 …………………… 35
    4.1 系统模型 ………………………………………………………… 35
        4.1.1 动力系统总成 ……………………………………… 35
        4.1.2 动力电池模型 ……………………………………… 37
        4.1.3 APU 模型 …………………………………………… 38
        4.1.4 驱动电机模型 ……………………………………… 38
    4.2 能量管理策略设计 ……………………………………………… 39
        4.2.1 模式控制 …………………………………………… 39
        4.2.2 优化模型 …………………………………………… 41
    4.3 全寿命周期能量管理策略设计及优化方法 …………………… 42
        4.3.1 全寿命周期能量管理策略 ………………………… 42
        4.3.2 粒子群优化算法框架 ……………………………… 43
        4.3.3 电池老化影响特性 ………………………………… 44
    4.4 仿真结果 ………………………………………………………… 47
    4.5 本章小结 ………………………………………………………… 48

第5章 能量管理策略的粒子群优化方法 ……………………………… 49
    5.1 粒子群优化算法原理 …………………………………………… 49
    5.2 粒子群优化算法在能量管理策略中的应用 …………………… 52
        5.2.1 基本控制模式 ……………………………………… 52

	5.2.2 粒子群优化算法的实施步骤	53
5.3	仿真结果	54
5.4	本章小结	58

第6章 考虑能源价格波动的模拟退火粒子群能量管理策略 ······ 59
- 6.1 模拟退火算法原理及其与粒子群优化算法的融合方法 ······ 59
  - 6.1.1 模拟退火算法基本原理 ······ 59
  - 6.1.2 模拟退火粒子群优化算法 ······ 61
- 6.2 能源价格波动统计分析 ······ 63
  - 6.2.1 电价波动统计 ······ 63
  - 6.2.2 燃油价格波动统计 ······ 66
- 6.3 考虑价格波动的能量管理策略设计 ······ 67
  - 6.3.1 基于模拟退火粒子群算法的能量管理策略 ······ 67
  - 6.3.2 参数优化结果 ······ 70
- 6.4 仿真结果与分析 ······ 72
- 6.5 本章小结 ······ 76

第7章 基于短时工况预测的粒子群优化能量管理策略 ······ 77
- 7.1 工况预测及能量管理策略 ······ 77
  - 7.1.1 基于BP神经网络的工况预测方法 ······ 77
  - 7.1.2 基于工况预测的粒子群优化能量管理策略 ······ 79
- 7.2 仿真结果与分析 ······ 81
  - 7.2.1 算法有效性的仿真验证 ······ 81
  - 7.2.2 具有工况差异性时的结果分析 ······ 83
- 7.3 本章小结 ······ 84

第8章 考虑电池寿命与安全性的PMP能量管理策略 ······ 85
- 8.1 电池热安全与耐久性模型 ······ 85
  - 8.1.1 电池耐久性模型 ······ 85
  - 8.1.2 电池热模型 ······ 86
  - 8.1.3 冷却系统模型 ······ 87
- 8.2 基于PMP算法的能量管理策略 ······ 88
  - 8.2.1 能量管理策略设计思路 ······ 88
  - 8.2.2 PMP算法 ······ 89
  - 8.2.3 优化结果 ······ 90

  8.3 仿真结果与分析 ·· 92
    8.3.1 行驶工况及温度数据 ·· 92
    8.3.2 冷却系统正常情况仿真分析 ·································· 93
    8.3.3 冷却系统异常情况仿真分析 ·································· 94
  8.4 本章小结 ·· 97
参考文献 ·· 98
附录 ·· 100
  附录一 行驶工况构建算法代码 ·· 100
  附录二 粒子群优化算法代码 ·· 107
  附录三 模拟退火粒子群优化算法代码 ·································· 117
  附录四 遗传算法代码 ·· 123
  附录五 PMP 能量管理优化算法代码 ···································· 126

第1章 绪 论

近年来随着环境与能源问题的日益严重,传统内燃机汽车的可持续性发展受到了严重质疑,大力发展节能、环保的新能源汽车已是国际共识,也是我国推动绿色交通体系、实现"双碳"目标的重要战略举措。根据美国能源信息管理局预测,伴随全球的能源消耗持续增加,以现有的探测与生产速度,石油储量将在2062—2094年耗尽,当前世界的主要汽车大国纷纷加强战略谋划、完善产业布局。石油资源短缺不仅影响能源和交通领域,还会造成严重的经济和社会问题,在我国,石油消耗结构中车用消费占比在50%左右,新能源汽车技术的发展对于我国能源安全与国民经济发展都具有重要影响。在此驱动下,内燃机汽车向新能源汽车的转型成为了必然趋势。当前新能源汽车市场发展极为迅速,除了比亚迪汽车等行业引领者之外,还诞生了众多新能源汽车新兴企业,例如蔚来汽车、小鹏汽车、威马汽车和理想汽车等;与此同时,特斯拉自2019年正式在上海建立工厂以来,在中国的发展步伐逐步加快。国际上,德国、英国、荷兰、挪威以及美国等国家组成了"零排放车辆同盟",陆续公布禁售燃油车法令或议案。随着排放规定的日益苛刻,加上欧洲各国禁售燃油车的时间表制定、中国"双积分"政策的落地实施,也从主观上迫使各汽车企业思考停售燃油车、加速向电动化转型的规划。除此之外,诸多新能源、新材料和物联网、大数据技术、人工智能等变革性技术的交叉融合,进一步带动了能源、交通、信息等系统的全面发展,这也推动了汽车从交通工具向移动智能终端、储能单元和数字空间转变,促进运行智能化水平的全面提升。本章主要介绍新能源汽车的基本概念、发展政策及现状。全球各国燃油车禁售计划如表1-1所示。

表1-1 全球各国燃油车禁售计划

"禁燃"国家和地区	提出时间	提出方式	实施时间	禁售范围
挪威	2016年	国家计划	2025年	汽油/柴油车
荷兰	2016年	国会议案	2030年	汽油/柴油乘用车
德国	2016年	国会议案	2030年	内燃机车
英国苏格兰	2017年	政府文件	2032年	汽油/柴油车
美国加州	2018年	政府法令	2029年	燃油公交车
中国海南省	2018年	政府规划	2030年	汽油/柴油车

1.1 新能源汽车的分类

新能源汽车是指采用非常规的车用燃料作为动力来源(或使用常规的车用燃料、采用新型车载动力装置),综合车辆动力控制和驱动方面的先进技术,形成技术原理先进、具有新技术、新结构的汽车(工业和信息化部2017年《新能源汽车生产企业及产品准入管理规定》)。新能源汽车的种类很多,但是在各类新能源汽车的发展路线中,以纯电动汽车(battery electric vehicle,BEV)、混合动力电动汽车(hybrid electric vehicle,HEV)和燃料电池电动车(fuel cell electric vehicle,FCEV)为代表的电动汽车被普遍认为是汽车能源动力系统转型的主流趋势和当前最具备商业化应用潜力的发展方向。

1.1.1 纯电动汽车

纯电动汽车是以电能为车载能源、以电机驱动系统推动车轮行驶且没有搭载其他能量源的车辆形式,目前车载电源普遍采用能量密度和功率密度都比较高的锂离子二次动力电池。由于电池与电机之间为柔性连接,所以可以灵活布置于整车底盘中,电机驱动系统由电机本体、功率转换器、控制器及各类传感器组成,其作用是将动力电池的电能转化为机械能并通过传动装置按照驾驶员的需求实现车轮驱动。由于电动机自身具备宽的调速区间且具备低速大转矩的技术优势,所以纯电动汽车理论上可以不需要配置离合器和变速器,整车结构简单、使用过程节能环保、维护容易。发展初期受限于技术成熟度,纯电动汽车主要应用于小型特种车辆,例如场区摆渡车、垃圾清除车、观光车、仓储物流车等,随着大功率电驱动技术与高能量车载储能系统等技术的迅速发展,如今电动汽车已经成为城市交通系统中的重要构成元素。但是,当前纯电动汽车仍然存在一些亟须解决的技术或者商业化问题,例如成本高、电池充电时间长、工作性能受温度影响显著以及动力电池存在安全隐患等。

1.1.2 混合动力汽车

混合动力系统是指存在两种或以上的能源类型协同工作的动力驱动系统,目前商业化应用的混合动力汽车形式主要是油、电混合动力汽车,即采用燃油与电能两种形式共同作为车载能量源来满足车辆行驶时的能量需求,而对应的动力单元则为内燃机和电动机。与纯电动汽车类似,混合动力汽车中的电能也是存储在锂离子电池中,根据电池是否具备外接充电功能,可以分为插电式混合动力汽车与普通混合动力汽车。插电式混合动力汽车中的电池可以外接电网充电,因此其工作模式与纯电动汽车非常类似,可以视作在纯电动汽车的基础上保留了部分内燃机汽车功能,用于弥补纯电动汽车的里程不足等问题;而普通混合动力汽车中电能大部分来自于车内的发动机发电、少部分来自于制动时的能量回收,从整车能量转换的角度而言,与内燃机汽车一样仍然是燃油的化学能转化为机械能,电能的参与仅仅是中间过程,其作用是调节发动机工作状态、优化发动机的燃油经济性。由于多个能量源并存,混合动力汽车控制过程存在优化问题,不论是插电式还是普通混合动力汽车,电力与发动机并存增加了能量转换的自由度,其能量优化管理对于提高整车性能十分关键。

1.1.3 燃料电池汽车

燃料电池汽车也是一种纯电驱动的车辆形式,但是与普通纯电动汽车通过锂离子二次电池来存储电能的方式不同,燃料电池电动汽车是利用氢气等车载燃料与氧气在催化剂的作用下于燃料电池中经过电化学反应来产生电能、通过电机系统实现驱动的汽车形式。燃料电池是其核心,在车辆运行过程中充当车载的高效"发电器",高纯度氢气中的氢分子在阳极催化剂作用下被离解成氢离子和电子,而注入的氧气则在阴极离解为氧原子,与穿过电解质的氢离子结合形成结构稳定的水,而在这个过程中电子不断通过外部电路流动,产生电流向汽车提供电力。与其他电源相比,燃料电池具备能量转换效率高、噪声低、洁净无污染、工作寿命长的独特技术优势,因此燃料电池电动汽车也被广泛视为一种理想的零排放车辆发展方向。但是仅仅依靠燃料电池独立工作往往不能满足车辆所有工况需求,所以燃料电池需配备锂离子电池共同工作,另外燃料电池的高成本、纯氢获取方式、加氢供氢等基础设施建设也是制约当前燃料电池汽车发展的因素。

1.2 新能源汽车的发展现状

1.2.1 国内发展概述

我国新能源汽车发展势头迅猛,2012 年国务院正式发布《节能与新能源汽车产业发展规划(2012—2020 年)》,极力推进新能源汽车产业化发展,2020 年中央经济工作会议明确"碳达峰、碳中和"为重点任务,工信部等围绕"双碳"目标制定了新能源汽车产业的实施路线,发布了新能源汽车产业发展规划(2021—2035 年),坚持以纯电驱动为战略举措,提高核心技术创新的能力(图 1-1),以"三纵三横"研发布局作为新阶段的重要发展方向(图 1-2)。

国内各类新能源汽车相关企业响应政策号召,积极进行新能源乘用车与商用车的研发,目前,我国新能源汽车推广水平居全球前列,保有量和产销量持续高速增长。据汽车工业协会发布的汽车工业经济运行情况显示,近年来新能源汽车的产量和销量逐年增长,2014—2018 年新能源汽车、纯电动汽车和插电式混合动力汽车的产销呈现了非常迅猛的发展态势,2018 年我国电动汽车市场销量的全球份额占比已增长到 43%,成为全球最大电动汽车市场。根据《节能与新能源汽车技术路线图 2.0》,2025 年新能源汽车新车销量占比预期达到 20% 左右,2035 年新能源汽车销量占比预期达到 50% 以上。可以预料,未来我国的绿色可持续化交通体系(包括电动汽车、电动汽车充电基础设施和公共交通)建设将继续加速,新能源汽车与能源、交通、信息通信的全面深度融合也将全面展开。当前国内部分重要新能源汽车企业及其代表车型技术特点如表 1-2 所示。

图 1-1 近年主要新能源产业政策

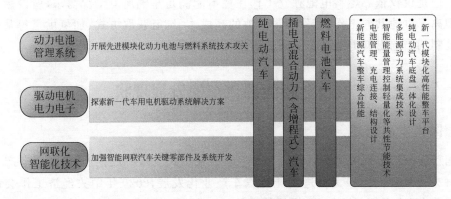

图 1-2 "三纵三横"研发布局

表 1-2 我国主要车企情况介绍

公司名称	上市代表车型及外观	发展趋势及特点
比亚迪	唐 DM 宋 Pro	国内乃至全球的新能源汽车引领者之一,率先提出"公交电动化"战略,其磷酸铁锂电池技术已经申请了 20 余项国家专利;推出包括电动公交大客车 K9 在内的多款新能源汽车,加速替换传统燃油车的步伐。
北汽	EV150 EU7	辐射全国的产业布局,有较强的技术研发实力,布局智能制造、能源管理、智慧出行、互联网+等多个战略新兴产业。

续表

公司名称	上市代表车型及外观	发展趋势及特点
理想	ONE	采用自建智能制造基地作为唯一生产模式,专注于提供智能交通工具研发,通过搭载大容量电池组和高功率增程发电系统解决现阶段纯电动汽车的续航里程焦虑,实现里程800km的长续航能力。
威马	EX5 EX6 Plus	明确发展"三步走"战略:做智能电动汽车的普及者、成为数据驱动的智能硬件公司、成长为智慧出行新生态服务商。
小鹏	G3 P7	首家进入乘联会新能源车销量榜的互联网造车企业,专注于针对一线城市年轻人的互联网电动汽车研发,拥有较为成熟的车辆智能控制技术。
蔚来	ES8 EC6	涵盖包括"三电"系统的电机、电控、电池包,"三智"系统的智能网关、智能座舱、自动辅助驾驶系统,蔚来通过独立正向研发,全部拥有自主知识产权。
广汽	传祺GA6 传祺GA8	具备正向开发能力,混动系统已经量产第二代。掌握自主电池包技术,并攻关电芯研发。

1.2.2 国外发展概述

日本、美国和德国等发达国家在新能源汽车领域的发展都非常成熟,在全球市场也各自占有较大的份额。其中,日本在新能源汽车领域的发展初期主要是关注于混合动力汽车,但如今也开始着手研发短途行驶的小型家庭用纯电动汽车以及用于长途运输的燃料电池汽车;德国、法国和英国等欧洲国家则明显侧重于纯电动汽车的技术路线,纯电动车型产销量近年来持续上升,尤其是伴随着欧洲各国在新能源车消费及使用环节补贴力度的加大,各大厂商积极布局新能源汽车(尤其是纯电动汽车)的商业化发展。根据英国政府发布的"零排放之路"战略规划,到2030年,英国预计至少要有50%的汽车和40%的货车将达到超低排放标准,并且在2040年前禁售传统内燃机汽车。据不完全统计,2021年英国电动汽车新车注册量已经超过19万辆。但是由于内燃机汽车的产业惯性,加之新能源汽车续行里程仍有不足,在欧洲大部分国家和地区新能源汽车的发展仍显迟缓,例如法国2022年前两个月电动汽车销量仅 5000 余辆；德国作为欧洲最大的汽车市场，2022 年新注册轿车中电动汽车占比仅为 0.1%。相比于欧洲，美国的电动汽车发展迅速，纯电动汽车与插电式混合动力汽车年销量在 2019 年超过 32 万辆，电动汽车年销量仅次于中国而稳居世界第二位。美国电动汽车最活跃的地区是加利福尼亚州，早在 20 世纪 70 年代加州政府就开始实行严格的机动车排放和燃油经济性相关标准，将开发清洁燃油、低排放、零排放汽车作为重要发展策略。当前，特斯拉汽车公司是美国电动汽车市场的主要引领者。国外部分主要新能源汽车企业和技术特点如表 1-3 所示。

表 1-3 国外部分主要车企情况介绍

公司名称	部分代表车型及外观	发展趋势及特点
丰田	Prius 凯美瑞双擎	公司着眼于汽车产业的未来，不断在环保和新能源领域投资。短期目标是提高内燃机效率和推广混合动力车型；中期目标是推广插电式混合动力车型；长期目标是 2050 年消除内燃机车型。
本田	INSIGHT 锐·混动	致力于新能源汽车研究，重视驱动单元高功率、小型化及高效化；致力于燃料电池系统研究；提出到 2030 年混合动力车、插电式混合动力车、纯电动车和燃料电池车占比 2/3 以上。
特斯拉	Roadster Model S	美国顶级电动汽车及能源公司，新能源汽车的引领者，陆续推出 Model S、Model X、Model 3 等车型，均配备具有全自动驾驶功能的硬件。提出到 2020 年实现 50 万辆年销量目标，布局汽车能源变革、智能交通，推出电动重型卡车和高载客密度的城市交通工具。
奥迪	e-tron A3·Sportback	传统内燃机汽车顶级公司新增新能源汽车业务的代表之一，主要瞄准高端市场竞争中的豪华电动车型。

1.3 混合动力系统与能量管理技术

由于当前燃料电池汽车技术尚不成熟，目前新能源汽车产业发展大多集中在混合动力汽车、插电式混合动力汽车和纯电动汽车。对于新能源汽车而言，多能源协同与集成是其重要的技术特点之一。混合动力汽车或插电式混合动力汽车中存在油、电多种能量源并存，而纯电动汽车与燃料电池电动汽车中也存在功率型电池与容量型电池或超级电容、锂离子电池与燃料电池等的集成应用。多源系统的能量管理与优化对于提高能量转化效率、改善能量经济性具有重要作用。未来，基于物联网技术及大数据信息系统，能量管理系统也有望实现在线学习和预测、识别能力，例如识别驾驶员驾驶习惯和控制意图、预测未来路况等，从而实现更为智能、高效的控制效果。

能量管理是混合动力汽车的核心技术之一。由于混合动力汽车配置有多种动力源，不同动力源的高效率区域和工作特性差异很大。想要提高整个系统的性能，就必须使得多种能量单元之间协同配合，发挥各自优势、弥补劣势，为了达到上述目的，就必须有一套精心设计的能量管理策略来实现多源协同控制。具体来说，能量管理策略是根据车辆在不同的行驶工况下的车辆需求功率，根据各个动力和能源系统的特性，按照预先设计的控制逻辑和算法对车载能源进行功率流分配控制，优化整车的运行效率且兼顾电池系统的健康及寿命状态。本书主要以插电式混合动力汽车为例，重点阐述混合动力汽车能量管理策略的设计和群智能优化方法。

1.4 本章小结

本章主要介绍了新能源汽车的基本概念和当前几种主要新能源汽车形式，包括纯电动汽车、混合动力汽车和燃料电池汽车等；进而阐述了我国发展新能源汽车的背景、政策以及国内外新能源汽车产业发展现状和趋势；最后介绍了能量管理策略的基本概念。

第 2 章 混合动力汽车结构与原理

混合动力汽车兼具传统内燃机汽车与纯电动汽车的技术特点,可以有效地使发动机处于高效区域,降低发动机油耗、减少排放,同时解决纯电动汽车的里程焦虑问题,本章主要介绍混合动力汽车的结构、分类及其工作原理。

2.1 混合动力系统结构

混合动力汽车的类型及定义在 QC/T 837—2010 标准中给出了较为明确的定义。混合动力系统的分类方法很多,早期应用中通常按照混合度进行划分,混合度是指电力驱动系统的功率占总功率的百分比,汽车根据混合度的不同,可以分为微型混合动力汽车、轻度混合动力汽车、中度混合动力汽车及重度混合动力汽车。当前较常采用的分类方式是按照动力系统的结构形式划分,分为串联式混合动力汽车、并联式混合动力汽车与混联式混合动力汽车。此外,根据是否可以从外接电网中充电,又可以分为插电式混合动力汽车与普通混合动力汽车。接下来按照系统结构形式的分类方式进行介绍。

2.1.1 串联式混合动力系统

1. 系统结构

串联式混合动力汽车的结构较为简单,主要由两个能量源(电池组和发动机)、功率转换器、传动装置和两个电机组成,如图 2-1 所示。车辆驱动力来源于电机驱动系统,动力电池组负责向电机驱动系统提供电能,同时在制动过程中可以实现能量回收,发动机与发电机组成辅助能量源,当电池组容量不足或功率不足时,发动机发电机组与电池共同输出。由于发动机只是用来发电而不直接参与驱动,因此发动机与车速之间不存在耦合关系,这样发动机工作点可以灵活控制在效率最优区域。变换器主要包括直流/直流(DC/DC)变换、直流/交流(DC/AC)变换和交流/直流(AC/DC)变换,实现变换与汇流,并用来驱动交流电机。另外,对于插电式混合动力系统,电池组还会配置外接充电设备。

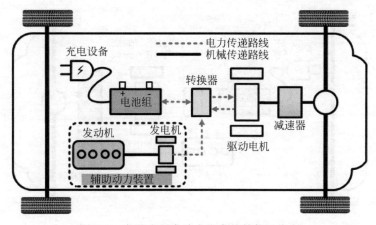

图 2-1 串联式混合动力汽车的结构示意图

2. 技术特点

(1) 串联式混合动力系统的优点：①排放污染小。串联式混合动力系统中，由于发动机可以灵活控制在效率最优区域，减少了有害气体的排放。另外，还可以在纯电动驱动时关闭发动机，只用动力电池组提供驱动汽车所需能量，实现"零排放"行驶。②柔性连接、布置方便。串联式混合动力汽车只有电动机驱动系统，不需要复杂的机械耦合装置，动力装置之间柔性连接，结构布置较为灵活。

(2) 串联式混合动力系统的缺点：①对核心部件的要求较高。串联式混合动力汽车中驱动电动机的功率需要满足汽车在行驶中的最大功率需求，因此驱动电动机的功率要求较大，使得电动机的体积和质量都较大。②局部能量转换效率低。串联式混合动力系统中的发动机不直接输出机械能，而是先将燃料化学能转化为机械能，再通过发电机将机械能转化为电能，最后经电动机将电能转化为机械能，尽管可以将发动机控制在最优效率点，但是这个过程存在多次能量转换，存在能量损失较大的问题。

2.1.2 并联式混合动力系统

1. 系统结构

并联式混合动力汽车的动力系统主要由发动机、动力电池组和驱动电机等部件构成，如图 2-2 所示（图中省略了离合器）。与串联式不同，并联式混合动力系统中发动机直接参与驱动，因此发动机与传动装置之间存在直接的机械连接，发动机的转速与车速存在耦合关系，这导致发动机工作点无法控制在最优工作区域，但是发动机的力矩可以灵活控制，因此可以使发动机控制在最优功率曲线上，即每个转速点对应一个效率最高的功率点。在并联式混合动力汽车中，车辆驱动力来自于发动机动力系统和电机动力系统之和，结构中没有了发动机—发电机—驱动电机这条电能传输路线。

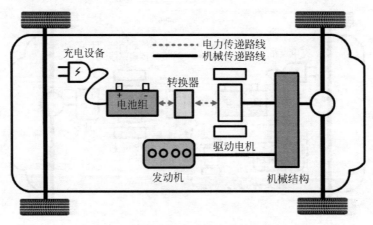

图 2-2 并联式混合动力汽车结构简图

2. 技术特点

(1) 并联式混合动力系统的优点：①易于提升动力性。并联式混合动力汽车同时拥有发动机与驱动电机两套动力系统，发动机具有中高转速大扭矩的特性，驱动电机具有低速大扭矩、高速恒功率的特性，优势互补、协同工作，可以实现优越的动力性。②能量转化效率高。发动机直接参与动力输出，省去了机械能—电能—机械能的转换过程，效率高于串联式混合动力系统。③核心部件尺寸较小。发动机与驱动电机共同满足车辆最大需求功率，因此两者的功率等级与尺寸相比串联式混合动力系统中的可以适当降低。

(2) 并联式混合动力系统的缺点：①发动机转速点不能灵活控制。由于发动机直接参与驱动，因此发动机转速与车速之间存在耦合关系，发动机的工作状态会受到汽车行驶工况的影响，无法一直运行在全局最优工作点，因此发动机排放性能劣于串联式混合动力系统。②结构略微复杂。发动机参与驱动的过程中需要配备与传统内燃机汽车相类似的传动系统，例如离合器、变速器等，另外还需要给驱动电机设置扭矩耦合装置，使系统结构复杂。

2.1.3 混联式混合动力系统

1. 系统结构

混联式混合动力系统在串联式混合动力系统的基础上增加了发动机参与驱动的分支，因此可以同时具备串联式和并联式混合动力系统的特点，如图 2-3 所示，驱动电机与发动机可以同时向行驶系统提供动力，发动机在驱动车辆行驶的同时带动发电机发电，实现了功率的分流，而电机系统的电能供应相应地也来自于两条分支，即动力电池组和发动机-发电机组。还可以在上述结构上进一步增加一个驱动电机实现更复杂的控制模式，部分文献中称之为复合式混合动力系统，但其本质上仍是混联式结构的一种，本书不再另做介绍。在混联式系统中，发动机、发电机、驱动电机等的动力存在耦合关系，由于动力耦合方式不尽相同，图中统称为机械结构。当前,实现功率分流与耦合的机械结构较多采用的是行星齿轮系,例如丰田 THS 系统是典型的混联式混合动力系统。

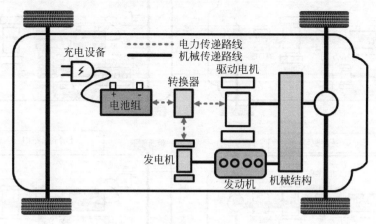

图 2-3　混联式混合动力汽车结构简图

2. 技术特点

(1) 混联式混合动力系统的优点:兼具串联式与并联式的技术优点,可以实现更多的控制模式与更优的控制效果,可以更加灵活地根据工况对内燃机和电动机进行控制,有利于在更复杂的工况下实现系统的优化匹配,获得较低的排放和油耗,提高整体性能。

(2) 混联式混合动力系统的缺点:系统结构复杂,成本高,控制系统设计难度大。

2.2　串联式混合动力系统控制模式

串联式混合动力系统控制模式分为 6 种,见图 2-4。

1. 纯电驱动模式

车辆从车载电池组中获得电能,驱动车辆前进,纯电驱动模式下只有电池工作,发动机和发电机不工作,这时的工作状态与纯电动汽车是一致的,对于插电式混合动力汽车而言,在电池能量与功率充足的情况下,纯电驱动模式是优先采用的控制模式。

2. 纯发动机驱动模式

电机驱动车辆行驶所需的电能完全来自于发动机-发电机组,这时动力电池组既不供电也不从发电单元获取电能,这是当电池电量低于某设定下界时所采用的控制模式,通常,受限于发动机的功率参数,这种模式下车辆的动力性会受到限制。

3. 混合驱动模式

当电池功率不足时或者预知电量无法满足里程需求的情况下,动力电池组和发动机-发电机以一个最优的比例共同为驱动电机提供电能,满足动力需求或延长行驶里程。

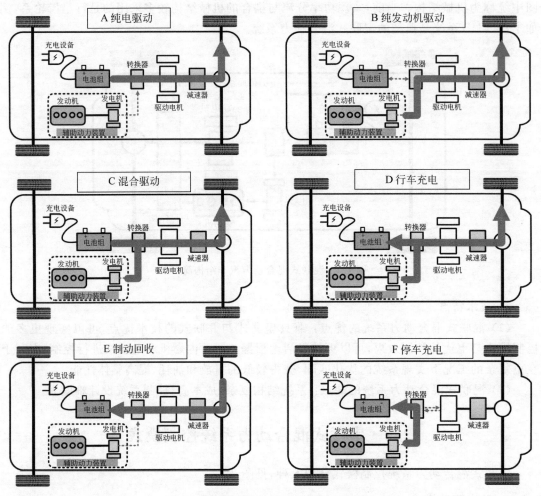

图 2-4 串联式混合动力汽车的工作模式

4. 行车充电模式

发动机-发电机组在满足驱动电机的功率需求之外,同时向动力电池组充电。

5. 制动回收模式

当车辆减速制动时,驱动电机作为发电机将制动过程的动能转换为电能,并通过功率转换器储存到电池中。

6. 停车充电模式

车辆停车状态下发动机-发电机组向电池组充电,对于插电式混合动力系统而言,车辆可以通过外接电源来进行充电。

2.3 并联式混合动力系统控制模式

对于并联式混合动力汽车,由于发动机和电机的高效工作区域并不相同,为了发挥并联式混合动力系统的优势,汽车应根据不同运行工况,采取与之相适应的工作模式,以提高车辆整体的动力性、经济性及排放性。根据不同的负载功率与能量分配方案可将并联式混合动力汽车工作模式分为 6 种基本模式:纯电驱动模式、纯发动机驱动模式、混合驱动模式、行车充电模式、再生制动回收模式和停车充电模式见图 2-5。

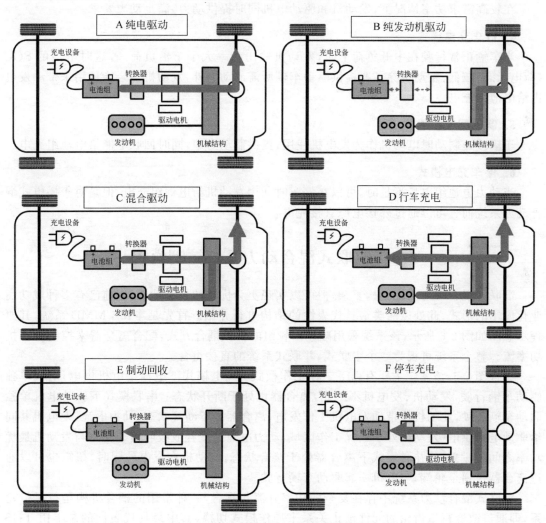

图 2-5 并联式混合动力汽车的工作模式

1. 纯电驱动模式

纯电驱动模式与串联式系统相类似，发动机不参与工作，但是由于电机功率较低，该模式适用于低速工况和启车阶段。

2. 纯发动机驱动模式

当电池电量较低或者当前工况满足发动机高效工作区域状态时，动力电池组及驱动电机不输出，采用发动机单独驱动。

3. 混合驱动模式

在较高需求功率情况下，发动机和驱动电机同时提供动力，满足动力要求。

4. 行车充电模式

当车辆正常行驶在中低负荷下时，发动机输出功率大于车辆负荷，若这时电池的 SOC（荷电状态）较低，发动机除了要提供驱动车辆所需的动力外，发动机多余能量用来带动发电机给电池组充电。

5. 制动回收模式

车辆减速制动时电动机作为发电机使用，提供制动力矩，同时回收电能给电池组充电。

6. 停车充电模式

当动力电池组电量不足时，可以在停车时利用发动机给电池组充电，但是对于插电式混合动力系统而言可以通过外接电源直接充电。

2.4 混联式混合动力系统控制模式

混联式混合动力系统结构复杂，但可以实现更为优越的控制性能，当前已有多种成功商业化应用的形式，此处以两类最具代表性的结构进行介绍。首先是本田 i-MMD 系统，其原理示意图如图 2-6 所示，该系统采用减速齿轮组的机械耦合方式，配合离合器来控制发动机功率流。整个系统可视为一个串联式、并联式系统的直接组合。

结合图 2-6，该系统主要有以下三种工作模式：纯电模式下电池给电机供电，电机单独驱动车辆行驶，发动机、发电机不工作，离合器也处于断开状态；串联模式下驱动电机单独驱动车辆行驶，发动机仅带动发电机工作发电，离合器处于断开状态，动力电池、发电机共同给驱动电机供电（发动机处于最优工作区域，动力电池组填补或吸收负载功率与发动机最优功率之间的偏差）；并联模式下离合器处于接合状态，发动机在发电的同时，扭矩也可以通过离合器传递至轮端，与电机一起驱动车辆行驶。

混联式混合动力系统中存在复杂的功率分流与耦合，一种常用的耦合机构是行星齿轮系，即通过改变行星齿轮的元件锁止关系来操作模式切换，其中最具代表性的是丰田 THS 混联式混合动力系统，至今已发展到第三代。其基本结构如图 2-7 所示，动力总成主要由发动机、双驱动电机、行星齿轮系等构成，为了便于描述，图中用字母 A 代表离合器，B 和 C 分

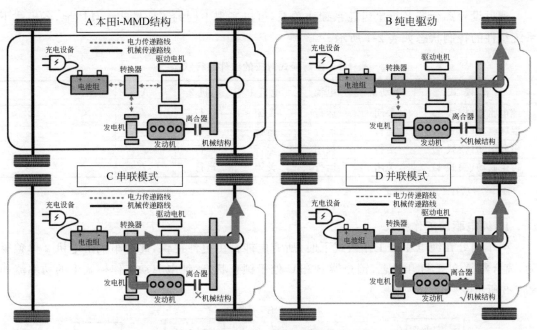

图 2-6 本田 i-MMD 结构示意图及工作模式

别代表齿圈和太阳轮上的锁止装置。系统中共有两套行星齿轮系,其中右侧的行星齿轮系负责发动机的功率分流,发动机连接该行星齿轮系中的行星架,发电机连接行星齿轮系中的太阳轮,这样发动机的功率被齿圈和太阳轮分流,一部分功率可以通过齿圈输出,另一部分功率通过太阳轮带动发电机发电,并与来自动力电池的电能汇合共同驱动另一侧的电机 2;左侧的行星齿轮系的行星架固定,电机 2 驱动其中的太阳轮,齿圈作为输出,两侧行星齿轮系的齿圈输出力矩耦合之后通过齿轮减速机构驱动车辆行驶。

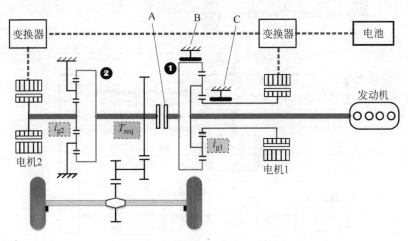

图 2-7 混联式混合动力汽车结构

通过设置离合器及行星齿轮系锁止关系，可以实现不同的工作模式。具体地，各模式下系统组件的控制状态如表 2-1 所示。

表 2-1 控制模式对应的组件运行状态

工 作 模 式	发动机	电池	电机 1	电机 2	A	B	C
纯电驱动（模式 1）	关闭	运行	关闭	运行	√	×	×
混联驱动（模式 2）	运行	运行	运行	运行	×	√	√
串联驱动（模式 3）	运行	关闭	运行	运行	√	×	√
再生制动（模式 4）	关闭	运行	关闭	运行	√	×	×

注：√表示打开，×表示锁止。

1. 纯电驱动工作模式

当车辆处在纯电驱动工作模式下时，所有电能都由电池提供，此时车辆由电机 2 单独驱动，离合器 A 处于打开状态，锁止器 B 和 C 处于锁止状态，纯电驱动工作模式下的功率流如图 2-8 所示。

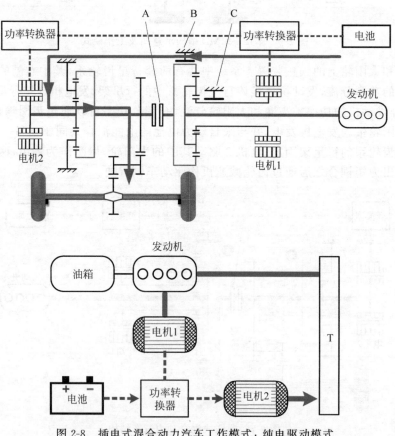

图 2-8 插电式混合动力汽车工作模式：纯电驱动模式

2. 混联驱动工作模式

混联驱动工作模式是常用的模式,可以满足较大的需求转矩和需求功率要求,该模式下,离合器 A 处于闭合状态,锁止器 B 和 C 处于打开状态,混联驱动工作模式下的功率流如图 2-9 所示。在该模式下,发动机和电池同时工作,发动机的功率被分流,一条分支带动电机 1 进行发电,与电池共同为电机 2 提供电能;同时另一条分支与电机 2 的力矩汇合,共同实现车辆驱动。

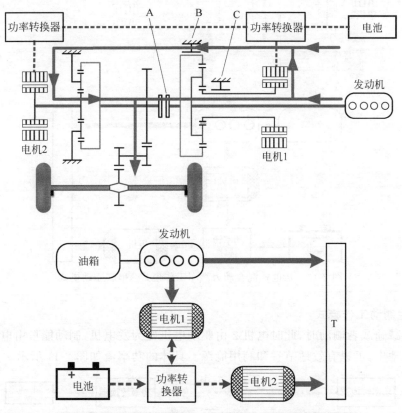

图 2-9 插电式混合动力汽车工作模式:混联驱动模式

3. 串联驱动工作模式

串联驱动工作模式下,离合器 A 处于打开状态,并锁止右侧行星齿轮的齿圈,系统的功率流如图 2-10 所示。在这种模式下,发动机不参与驱动,而是带动电机 1 产生电能,电能传输到电机 2,最终由电机 2 驱动车辆,此时与串联式混合动力系统的工作模式一致,发动机的转速与车速之间不存在耦合关系,因此可以灵活控制在最优效率点或者最优效率曲线上。

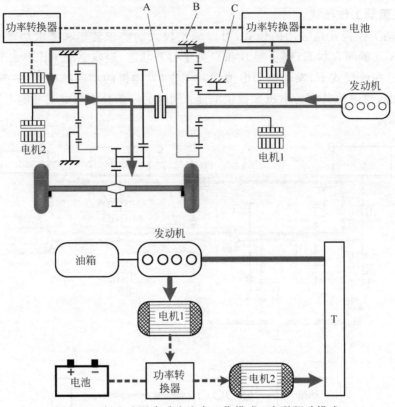

图 2-10 插电式混合动力汽车工作模式：串联驱动模式

4. 再生制动工作模式

当车辆减速或者制动时，此时电机 2 由驱动电机变为发电机，制动能量由电机 2 回收并储存在蓄电池中，可以有效地节省和利用能源。具体的功率流如图 2-11 所示。

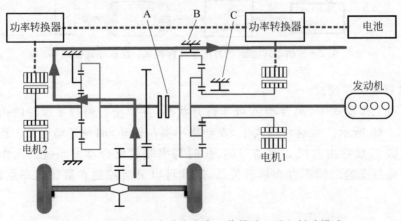

图 2-11 插电式混合动力汽车工作模式：再生制动模式

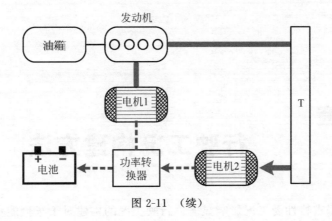

图 2-11 （续）

2.5 本章小结

本章重点介绍了混合动力汽车的概念、分类及当前常见的几种车用混合动力系统类型，分析了串联式混合动力系统、并联式混合动力系统、混联式混合动力系统的结构及原理，阐述了各类混合动力系统的控制模式和各个模式下的工作特点及功率流路线。

第3章 行驶工况构建方法

汽车的功率需求特性受工况影响显著。行驶工况的构建对于车辆能量管理策略的研究及评价都具有重要作用。电动汽车多用于城市交通，行驶环境较为明确和固定，针对所在城市的交通信息特征建立具有代表性的行驶工况是能量管理策略研究的首要工作。

3.1 行驶工况概述

3.1.1 行驶工况的概念

行驶工况是指用一段有限长度的速度曲线来表征某一区域或者某一城市的交通信息特征，按行驶工况的构建形式分为稳态工况和瞬态工况，其中，稳态工况是由怠速、恒加速、减速和稳定转速段相结合而成的简易驾驶循环，例如常用的稳态行驶工况有 ECE、EUDC、JP10-15；瞬态工况则是根据所采集的数据（速度和加速度）信息进行处理后合成的速度曲线，瞬态工况的加速度变化比稳态工况的加速度变化剧烈，例如 UDDS、FTP-75、香港工况等。从行驶工况的构建机构及使用目的又可以分为标准工况（又称认证工况）和非标工况（又称研究工况），其中，标准工况一般是由国家或者地区权威部门，例如交通部、行业管理机构、运营处等政府部门，通过法规形式确立的用于认证、检测等用途的行驶工况。比较有代表性的是美国联邦测试循环 FTP-75、新欧洲行驶工况 NEDC、日本的 JP10-15 和我国的城市客车四工况循环，都是标准行驶工况。非标工况则是汽车制造商或者科研机构用于产品开发或者研究等目的所构建的行驶工况。标准工况通常需要面向更广泛的群体发放，因此一般具备较强的通用性；而非标工况则是直接面向某产品研发用途，所以其区域针对性和准确性要求更高。为了推进电动汽车商业化的快速发展，已有企业和研究机构在越来越多的区域和城市有针对性地建立了非标工况。

3.1.2 国外典型行驶工况

1. 美国行驶工况

美国在行驶工况构建方面起步较早，所建立的工况种类繁多、用途各异，如图 3-1 所示。

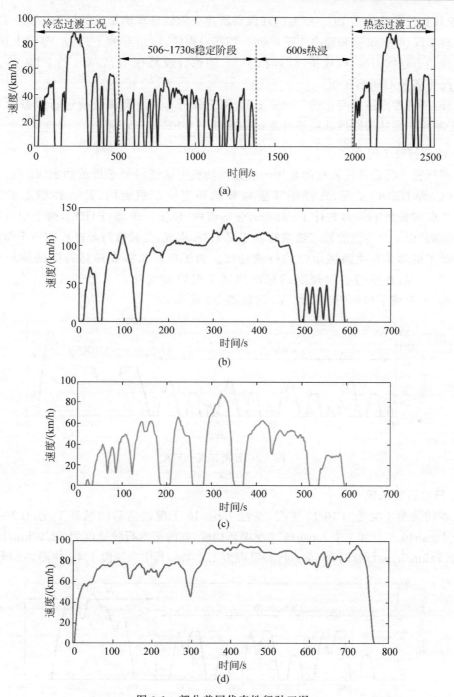

图 3-1 部分美国代表性行驶工况

(a) 美国联邦测试循环 FTP-75 工况;(b) 美国联邦测试循环 US06 工况;
(c) 美国联邦测试循环补充 SC03 工况;(d) 高速公路燃油经济性测试的循环 HWFET 工况

其中，较具有代表性的是1972年美国环保局所建立的认证车辆排放的标准工况FTP-72，由冷态过渡工况（0~505s）和稳态工况（506~1370s）构成，1975年在FTP-72基础上加上600s热浸车和热态过渡工况，构成持续时间2475s，理论行驶路程17.77km的FTP-75工况，后来此工况更名为UDDS工况。

此外，还有考虑道路变化的US06工况、用于分析车辆空调满负荷运行状态的SC03工况、用于乘用车高速公路燃油经济性测试的循环HWFET工况等。

2. 欧洲行驶工况

欧洲行驶工况最具代表性的是用于底盘测功机上认证轻型车排放的EDC，后来发展成为新EDC，即NEDC工况，在该循环里局部循环速度是恒定的，是一种稳态工况，整个NEDC工况时长为1180s，共计10.93km，包括市内（ECE）、市郊（EUDC）两个组成部分，其中ECE部分由4个传统的城市道路行驶工况ECE构成，是城市行驶过程的一个简化代表，主要反映了机动车在欧洲城市内的行驶特征。为了反映市郊高速运行时的排放情况，从1992年7月起，在欧盟各国规定的标准测试工况后面又补充了郊外公路上的行驶工况EUDC部分，形成了最终的NEDC工况，如图3-2所示。

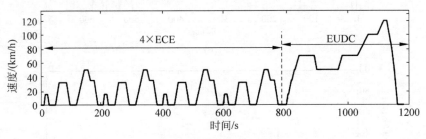

图 3-2　欧洲工况 NEDC

3. 日本行驶工况

日本的典型工况是JP10-15工况，是经Japan10工况改造后的循环工况，JP10-15工况由3个Japan10工况和1个Japan15工况循环构成，它的平均行驶速度为22.92km/h，最高速度为70.74km/h，运行时间为660s，行驶里程为4.20km，其中急速段154s，如图3-3所示。

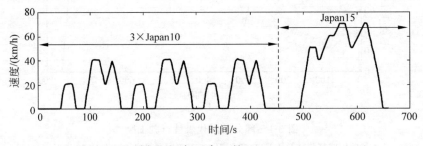

图 3-3　新日本工况 JP10-15

3.1.3 国内典型行驶工况

我国行驶工况最具代表性的是中国汽车行驶工况CATC,该工况集成了全国41个城市、5500万km行驶统计数据,是最能反映我国道路行驶特征的行驶工况,其中,CATC又可以分为轻型车行驶工况CLTC和重型商用车行驶工况CHTC;重型车行驶工况又包含中国城市客车行驶工况CHTC-B、中国货车行驶工况CHTC-LT/HT、自卸车行驶工况CHTC-D、半挂牵引车行驶工况CHTC-TT、普通客车行驶工况CHTC-C等。

CATC工况主要是针对传统内燃机汽车公布的测试工况,新能源汽车方面暂时没有官方发布的标准测试工况,由于电动汽车的自身特点,其行驶区域往往较为固定,因此对固定城市、固定区域构建非标行驶工况具有明确意义。当前,部分由国内高校构建的具有代表性的城市工况主要包含以下:

(1) 北京行驶工况:由北京理工大学构建,采集北京地区40辆电动出租车6个月数据信息,并与道路环境信息融合,是专门面向电动汽车北京市区运行特征的行驶工况。

(2) 南京行驶工况:由东南大学构建,采集了东风日产阳光轿车共77km行驶数据,是面向小型乘用车的南京道路行驶工况。

(3) 长春行驶工况:由吉林大学构建,基于长春城市交通信息,是采用智能交通系统和数学统计算法所构建的行驶工况。

(4) 上海行驶工况:由同济大学构建,是面向上海混合动力电动公交车在固定路线上的行驶工况,该工况考虑了公交运营周期中频繁停车、重复的特点。

(5) 沈阳行驶工况:由东北大学构建,覆盖了沈阳市青年大街与二环路等主要交通干道393km的行驶数据,是采用双步优化理论构建的行驶工况。

3.2 行驶工况构建算法

3.2.1 工况构建步骤

行驶工况是通过有限长度的速度曲线最佳地反映该区域或该城市的交通行驶特征,目前常见的工况构建方法包括主成分分析法、马尔科夫法、双步优化法、随机选取法等,不论采用何种方法,基本构建步骤都是类似的,区别主要在于片段选取策略的差异。工况构建方法主要分为四个步骤,其关联如图3-4所示,依次介绍如下:

步骤1:数据采集与片段化处理,包括行驶

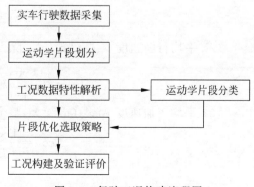

图 3-4 行驶工况构建流程图

数据的采集与片段化处理，采集数据可以通过实车采集或者云端提取，以任意相邻的两个零车速点为间隔将所采集的整个工况数据段打散，形成数量众多的运动学片段集。

步骤 2：特征解析，采用速度、速度变化率、方差、占比等数学特征参数对车辆行驶工况特性进行解析，建立工况构建的性能指标，根据实际需要还可以对运动学片段采用聚类算法进行分类。

步骤 3：设计片段选取策略，基于所设计的策略及算法对大量的运动学片段进行组合选取，确定有限个代表性片段来最佳地表征整个工况，这一步是工况构建的关键步骤，选取过程需要结合性能参数指标并体现最优性。

步骤 4：验证分析，对所建立的行驶工况与所采集的整体数据进行一致性对比，主要从性能指标、概率分布平方差和以及车辆能耗等方面进行分析。

3.2.2 数据采集

利用实车采集或大数据云端数据均可以完成工况构建，对于研究工况的构建而言，实车采集是最直接的方式，可以采用指定路线的随机行驶或者跟车行驶的方式，利用车载仪器通过 GPS 车速信息进行数据采集，需要采集的数据主要为速度和时间。随后，对采集的数据进行平滑处理，由于电动汽车怠速时不消耗能量，所以面向插电式混合动力汽车及纯电动汽车研究及测试用途的工况构建时，可以将怠速时段剔除。进而，对采集后的数据进行片段化处理，这是行驶工况构建过程中的必要环节，根据相邻两个车速为零的点将行驶工况离散为一个一个的运动学片段。

3.2.3 特征解析

将采集的车辆运行数据划分运动学片段后需要对片段的特征参数进行运算，这些特征参数可以反映行驶工况所对应的交通信息特征，以下给出了常用的特征参数，这些特征参数可以作为行驶工况构建时的特征指标或者工况验证及分析时的评价指标。

(1) 平均速度 $v(km/h)$：整个行程的平均速度

$$v = \frac{1}{n}\sum_{i=1}^{n} v_i \tag{3-1}$$

(2) 平均行驶速度 $v_{mean}(km/h)$：除去怠速阶段后整个行程的平均速度

$$v_{mean} = \frac{1}{n}\sum_{i=1}^{n} v_{mean\_i}, \quad \forall V_{mean} \neq 0 \tag{3-2}$$

(3) 平均正加速度 $Acc^+(m/s^2)$：整个行程的加速度大于 0 的平均值

$$Acc^+ = \frac{1}{n}\sum_{i=1}^{n} a_i, \quad \forall a_i > 0 \tag{3-3}$$

(4) 平均负加速度 Acc^- (m/s^2)：整个行程的加速度小于 0 的平均值

$$Acc^- = \frac{1}{n}\sum_{i=1}^{n} a_i, \quad \forall a_i < 0 \qquad (3\text{-}4)$$

(5) 加速度均值 Abs_{am} (m/s^2)：加速度绝对值的平均数

$$Abs_{am} = \frac{1}{n}\sum_{i=1}^{n} |a_i| \qquad (3\text{-}5)$$

(6) 加速时间占比 P_a (%)：加速度大于 $0.1 m/s^2$ 的时间占整体时间间隔的百分比

$$P_a = \frac{T_a}{T_{total}} \times 100\% \quad (a > 0.1) \qquad (3\text{-}6)$$

(7) 减速时间占比 P_d (%)：加速度小于 $-0.1 m/s^2$ 的时间占整体时间间隔的百分比

$$P_d = \frac{T_d}{T_{total}} \times 100\% \quad (a < -0.1) \qquad (3\text{-}7)$$

(8) 巡航时间占比 P_{cr} (%)：加速度在 $-0.1 \sim 0.1 m/s^2$ 之间的时间占整体时间间隔的百分比

$$P_{cr} = \frac{T_{cr}}{T_{total}} \times 100\% \quad (-0.1 \leqslant a \leqslant 0.1) \qquad (3\text{-}8)$$

(9) 加速度标准差 A_{sd} (m/s^2)

$$A_{sd} = \sqrt{\left[\sum_{i=1}^{n}(Acc_i - Acc_{mean})^2 / n\right]} \qquad (3\text{-}9)$$

(10) 速度标准差 V_{sd} (km/h)

$$V_{sd} = \sqrt{\left[\sum_{i=1}^{n}(V_i - V_{mean})^2 / n\right]} \qquad (3\text{-}10)$$

(11) 概率分布平方差和

$$SSD = \sum_{i=1}^{N_s}\sum_{N_j}^{N_a}(P_{ij} - q_{ij})^2 \qquad (3\text{-}11)$$

式中，N_s 为速度的离散区间数；N_a 为加速度的离散区间数；P_{ij} 为候选工况的第 ij 个速度加速度联合概率值；q_{ij} 为整体数据的第 ij 个速度加速度联合概率值。

(12) 均方根误差 RMSE

$$RMSE = \sqrt{\frac{SSD}{N_s N_a}} \qquad (3\text{-}12)$$

3.2.4 片段最优选取策略

基于上述工作，进一步开展运动学片段的优化选取策略设计，这一步内容直接影响行驶工况的准确性和有效性。这里重点介绍基于优化算法的片段选取策略。算法流程如图 3-5 所示,共包含两层优化过程。第一层依据遗传算法或其他优化算法实现任意片段长度 N 下的最优搜索,具体来说,就是应用群智能或进化算法在所建立的片段集中搜索 N 个片段形成一个可以最小化目标函数的最优解;第二层则根据工况性能指标及能耗控制效果等对比结果,来确定最优片段长度 N_{best}。

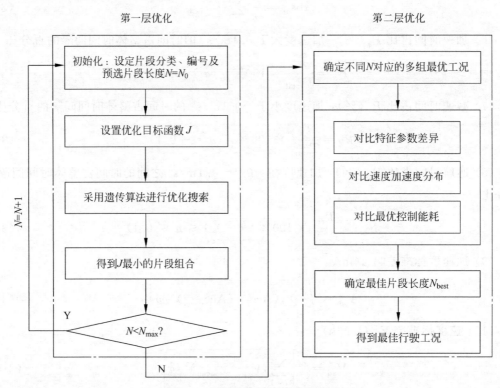

图 3-5　片段最优选取策略流程图

理想的候选工况应具有与原始数据相当的平均能耗,同时还需要保证其速度加速度联合分布规律与原始数据相近,行驶工况是运动学片段的集合,从所建立的运动学片段集里任意抽取有限个片段就可以组成一个候选工况,表示为 V,为了提高算法的计算效果,可以将整个数据集 D_{orig} 按照低速、中速、高速分为三类运动学片段子集,表示为 D_1,D_2 和 D_3,构成候选行驶工况 V 的运动学片段按所设定的比例从 D_1,D_2 和 D_3 中提取,这样可以保证建立工况时的可行区域能够涵盖完备的行驶信息。

行驶工况的构建过程即为运动学片段的最优选取过程,即搜索最佳运动学片段组合的过程,其评价依据为所完成的片段组合与整体统计数据之间的差异最小化。因此,行驶工况的构建可被视为优化问题,表示为

$$\begin{cases} \min J(V) = \sum_{k=1}^{3} \{w_k \mid \theta_k(V) - \theta_k^* \mid\} + w_4 \lambda_p(V) \\ V = V_1 \cup V_2 \cup V_3 \\ V_1 \subseteq D_1, V_2 \subseteq D_2, V_3 \subseteq D_3 \\ D_1 \cup D_2 \cup D_3 = D_{\text{orig}} \end{cases}$$
$$\text{s.t.} \begin{cases} \partial(V) = N, N \in \mathbb{Z} \\ \partial(V_1) : \partial(V_2) : \partial(V_3) = \partial(D_1) : \partial(D_2) : \partial(D_3) \\ t_{\min} \leqslant t(V) \leqslant t_{\max} \end{cases} \tag{3-13}$$

式中,V 为组成行驶工况的运动学片段选取结果;w 为特征指标权值向量;θ^* 为实验数据的特征参数值;λ_p 为速度加速度概率分布与整体数据的均方根误差(详见3.2.5节);t 为工况时间长度;$t_{\min}$ 和 $t_{\max}$ 为时间长度约束量;∂ 表示类别中运动学片段的数量;N 是 V 中包含的运动学片段个数。

对于上述优化问题,对每一个运动学片段进行编号,设定固定的片段长度 N,采用群智能优化的方法在运动学片段集中进行搜索,这个过程可以采用遗传算法等予以计算。需要注意的是,候选工况中的运动学片段总数 N 是未知的,因此这是一个双层迭代的优化过程,对于给定的初始片段都可以得到一组最优解,然后对片段长度 N 进行递增 $N=N+1$,并重复上述优化,直到达到设定的 $N_{\max}$,这个过程可以得到多组最优解,每一组最优解都对应一个行驶工况构建结果,最后对这些最优解工况进行对比并确定最佳结果。

对比的过程主要依据两个指标,一是优化目标函数,即式(3-13)中的 J 值;二是对比能耗值,即对比候选工况与整体数据的最优能耗差异,选取目标函数最小、最优能耗最接近的长度 N 所对应的工况为最佳行驶工况(具体的比较过程将在3.3.2节中详细说明)。

3.2.5 工况构建及验证分析

在完成运动学片段的最优选取后将所选取的运动学片段按照首尾连接的方式构建行驶工况。最后,需要对所建立的行驶工况进行验证,评价所建立的行驶工况是否准确、有效地反映了所对应区域的交通信息特征,主要有3个评价方法。

(1) 分析所建行驶工况与所采集的整体行车数据的特征参数一致性。

(2) 进行速度加速度联合分布(speed acceleration probability distribution,SAPD)分析,检验构建工况与试验数据的 SAPD 差异,即使用速度加速度联合概率分布的均方根误差来描述分布的一致程度。车辆的速度和加速度可以表示成一个 N_s-by-N_a 的矩阵,$N_s = \max(v)/\Delta v$,$N_a = \{\max(a) - \min(a)\}/\Delta a$($a$ 是加速度,Δv 和 Δa 分别为速度和加速度的间隔)。

$$\lambda_p = \sqrt{\frac{\sum_{i=1}^{N_a} \sum_{j=1}^{N_a} (P_{ij} - P_{t,ij})^2}{N_s N_a}} \tag{3-14}$$

式中，N_s 为速度的离散区间数；N_a 为加速度的离散区间数；P_{ij} 为候选工况的第 ij 个速度加速度联合概率值；$P_{t,ij}$ 为整体数据的第 ij 个速度加速度联合概率值。

(3) 对行驶工况内的车辆能耗进行分析。建立行驶工况的目的是电动汽车能量管理的研究、开发及测试评价，因此，针对固定的车辆动力系统结构，在所建立的行驶工况和所采集的整体原始数据下分别建立最优能量管理策略，所得到车辆能耗最优控制结果应该尽可能一致。

3.3 行驶工况实例

为了更好地理解上述方法和步骤，本节以辽宁省沈阳市为例给出行驶工况构建实例。

3.3.1 实验数据的采集、处理及特征参数提取

首先选取沈阳市区主干道青年大街与二环路进行交通数据采集。数据采集时采用跟车法，运用 GPS 和 P-box 工具实时记录车辆行驶在青年路和二环路上的速度值，总共运行超过 14h，其中青年大街和二环路行驶时间比例为 2∶1，总里程 393km，如图 3-6 所示。剔除原始数据中的部分异常数据点并进行平滑滤波，随后根据运动学片段的定义，将平滑后的 50597 个速度点划分为 340 个运动学片段。图 3-7 所示为其中一个运动学片段。

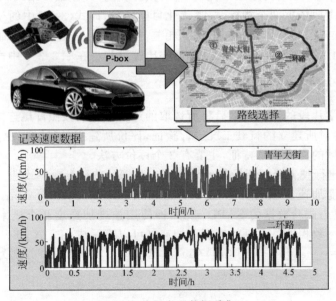

图 3-6 沈阳交通数据采集

第3章 行驶工况构建方法

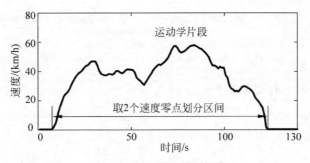

图 3-7 运动学片段示意图

3.3.2 工况构建过程

1. 特征参数解析

工况构建时可以直接选取前述的特征参数,也可以进行适当的组合与变化,考虑到这里建立工况的目的是电动汽车能量管理策略的研究开发,所以本节从能耗分析入手,完成特征参数解析过程。根据汽车纵向动力学(见图 3-8),车辆的行驶牵引方程如下:

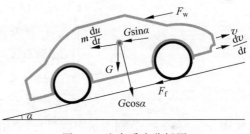

图 3-8 汽车受力分析图

$$P_v = \frac{1}{\eta}\left(fmgv + \frac{1}{2}C_d A\rho v^3 + \delta m v \frac{dv}{dt} + imgv\right) \tag{3-15}$$

式中,η 为传动系统效率;m 为质量;g 为重力加速度;f 为摩擦系数;i 为坡度;C_d 为风阻系数;A 为车辆迎风面积;v 为以 km/h 为单位的速度;ρ 为空气密度;δ 为旋转质量换算系数。

考虑到汽车制动时的能量回收,将在驱动时间 τ_{trac} 和制动时间 τ_{brak} 内的功率积分求得总的能耗表达式:

$$E = \int_t P_v dt = \int_{t\in\tau_{trac}\cup\tau_{brak}}\left[fmgv_{(t)} + \frac{1}{2}C_D A\rho v_{(t)}^3 + \delta m v_{(t)}\frac{dv}{dt} + mgi_{(t)}v_{(t)}\right]dt \tag{3-16}$$

式中,τ 为工况的时间集合;τ_{trac} 表示车辆输出牵引力的时间集合;τ_{brak} 表示车辆输出制动力的时间集合。因此,车辆的平均能耗为

$$\overline{E} = \frac{E}{x} \tag{3-17}$$

式中,$\overline{E}$ 为车辆平均能耗;x 为行驶里程。为了简化,车辆的参数可以移到积分符号外面,平均能耗的表达式可以写成如下形式:

$$\overline{E} = \Psi_1 + \Psi_2 + \Psi_3 + \Psi_4 + \Psi_5 + \Psi_6 + \Psi_7 + \Psi_8$$

$$\begin{cases} \Psi_1 = fmg\theta_1, & \Psi_2 = \frac{1}{2}C_D A\rho\theta_2, & \Psi_3 = \delta m\theta_3, & \Psi_4 = fmg\theta_4, \\ \Psi_5 = \frac{1}{2}C_D A\rho\theta_5, & \Psi_6 = \delta m\theta_6, & \Psi_7 = mg\theta_7, & \Psi_8 = mg\theta_8 \end{cases} \quad (3\text{-}18)$$

其中,8 个特征参数 $\theta_1 \sim \theta_8$ 定义如下

$$\begin{cases} \theta_1 = \frac{1}{x}\int_{t\in\tau_{\text{trac}}} v_{(t)}\text{d}t, & \theta_2 = \frac{1}{x}\int_{t\in\tau_{\text{trac}}} v_{(t)}^3\text{d}t, \\ \theta_3 = \frac{1}{x}\int_{t\in\tau_{\text{trac}}} a_{(t)}v_{(t)}\text{d}t, & \theta_4 = \frac{1}{x}\int_{t\in\tau_{\text{brak}}} v_{(t)}\text{d}t, \\ \theta_5 = \frac{1}{x}\int_{t\in\tau_{\text{brak}}} v_{(t)}^3\text{d}t, & \theta_6 = \frac{1}{x}\int_{t\in\tau_{\text{brak}}} a_{(t)}v_{(t)}\text{d}t, \\ \theta_7 = \frac{1}{x}\int_{t\in\tau_{\text{trac}}} i_{(t)}v_{(t)}\text{d}t, & \theta_8 = \frac{1}{x}\int_{t\in\tau_{\text{brak}}} i_{(t)}v_{(t)}\text{d}t \end{cases} \quad (3\text{-}19)$$

另一方面,工况的时间集合有如下关系:

$$\tau = \tau_{\text{trac}} \cup \tau_{\text{brak}} \cup \tau_{\text{coas}} \cup \tau_{\text{idle}}$$

$$\begin{cases} \tau_{\text{trac}} = \{t \in \tau: F_t(t) > 0\} \\ \tau_{\text{brak}} = \{t \in \tau: F_t(t) < 0\} \\ \tau_{\text{coas}} = \{t \in \tau: F_t(t) = 0, v \neq 0\} \\ \tau_{\text{idle}} = \{t \in \tau: F_t(t) = 0, v = 0\} \end{cases} \quad (3\text{-}20)$$

式中,τ_{coas} 和 τ_{idle} 分别表示车辆滑行(牵引力为 0,速度不为 0)和车辆怠速(牵引力为 0,速度为 0)的时间集合。

基于以上分析,行驶状况的特征参数可以表达为 8 个变量,但是为了便于计算,我们对这 8 个特征参数进行进一步的降维,经过分析,对于任何一个给定的行驶工况,$\theta_1 \sim \theta_8$ 存在如下关系:

$$\begin{cases} \theta_1 + \theta_4 + \frac{1}{x}\int_{t\in\tau_{\text{coas}}} v(t)\text{d}t = 1 \\ \theta_2 + \theta_5 + \frac{1}{x}\int_{t\in\tau_{\text{coas}}} v(t)^3\text{d}t = \text{Const} \\ \theta_3 + \theta_6 + \frac{1}{x}\int_{t\in\tau_{\text{coas}}} a(t)v(t)\text{d}t = \text{Const} \\ \theta_7 + \theta_8 + \frac{1}{x}\int_{t\in\tau_{\text{coas}}} i(t)v(t)\text{d}t = \text{Const} \end{cases} \quad (3\text{-}21)$$

相比于其他情况滑行很少发生,因此,假定滑行的时间集合为空,即 $\tau_{\text{coas}} \approx \varnothing$。从式中可以看出,只须确定参数 $\theta_1 \sim \theta_3$ 和 θ_7,$\theta_4 \sim \theta_6$ 和 θ_8 便能确定。由于沈阳市区地形比较平坦,而且坡道对于工况构建的影响较小,因此 θ_7 设为 0,所以,选用参数 $\theta_1 \sim \theta_3$ 作为行驶工

况构建的特征参数。

2. 优化工况构建

工况构建时片段数量的初选是重要问题,如果片段数量太少,难以充分反映驾驶信息,但是过多的片段数量不利于算法研究应用,参考当前已有的典型城市工况片段数量,选取 N 在 6~30 范围内。在第一层优化中,初始化 $N_0=6$,$N_{max}=30$,采用遗传算法从整个数据集中选择 N 个片段的最佳组合。遗传算法基本参数见表 3-1,每一次迭代,遗传算法都可以找出 N 个片段的最佳组合目标函数,确定候选运动学片段的每个组合的性能值。然后继续迭代($N=N+1$)以重复优化过程,直到 N 达到最大值 $N_{max}=30$ 为止。这样,可以得到 25 个"最佳行驶工况",每一个工况代表与一定数量的运动学片段的最佳组合。

表 3-1 遗传算法基本参数

参　　数	取　　值	参　　数	取　　值
种群规模	350	选择方式	均匀
交叉方式	启发式	遗传代数	1000
变异方式	均匀	精英数	17
交叉概率	1.2	容许误差	1×10^{-12}

对 25 个候选最优工况进行对比分析,如图 3-9 所示,可以看出:随着片段数量的增加,适应度先逐渐下降,之后随着片段数量的增加优化结果逐渐增大,在 $N=21$ 时,目标函数值达到最小,最小的适应度值代表选取的片段组建的工况的特征参数与整体数据最接近。进一步,对比了各个工况下所得到的最优能耗,如图 3-10 所示,图中虚线为整个实车采集数据下的最优能耗结果,其中,有 3 个点靠近平均能耗目标线,但是最右边两个点有较大的速度加速度概率分布均方根误差;有 4 个点有较小的均方根误差(小于 0.1),但其中 3 个点与平均能耗有较大的误差。只有当 $N=21$ 时,能同时满足与整体数据有较小的均方根误差和平均能耗。

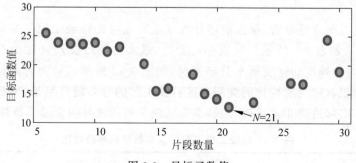

图 3-9 目标函数值

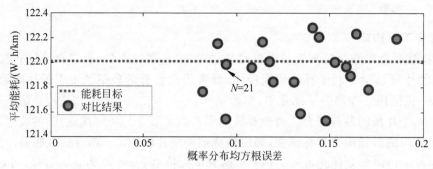

图 3-10　平均能耗对比结果

最终选取 21 个片段组建的最优工况作为沈阳市区行驶工况,构建的沈阳市区行驶工况共 2984s,达到 23.13km 行驶路程,最大的速度为 74.4km/h,平均速度 27.9km/h,如图 3-11 所示。需要说明的是,怠速段对电动汽车的能耗没有影响,因此为了便于计算,在工况构建过程中将怠速段剔除,但是在合成行驶工况时将片段后的怠速阶段予以保留以保证工况的合理性与真实性。

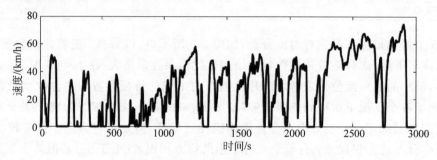

图 3-11　最终构建的沈阳市区行驶工况

3.3.3　结果分析

对所建立的工况进行分析,根据前述分析方法首先对比行驶工况与实际采集的行车数据特征参数,结果如表 3-2 所示。从表中可看出,最大的相对误差只有 2.7%,误差均值为 1.25%。然后,对比速度加速度概率分布情况,如图 3-12 所示,(a)为所采集的整体驾驶数据的分布统计结果,(b)为所构建的沈阳市区行驶工况的分布统计结果,对比结果表明所构建的行驶工况与实际道路非常接近,能够准确反映车辆行驶时的交通信息特征。

表 3-2　行驶工况与整体采集数据的参数对比

参数	沈阳工况	实际数据	相对误差/%
平均速度/(km/h)	27.91	27.99	0.29
速度的标准差/(km/h)	21.74	21.81	0.32

续表

参 数	沈阳工况	实际数据	相对误差/%
平均加速度/(m/s²)	0.29	0.29	0
平均减速度/(m/s²)	−0.38	−0.37	2.70
加速度的标准差/(m/s²)	0.45	0.44	2.27
加速的时间百分数/%	31.70	32.32	1.92

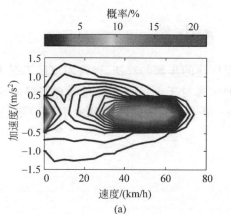
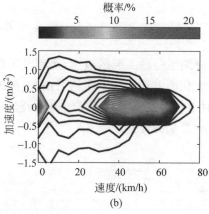

彩图 3-12

图 3-12 速度加速度概率分布对比
(a) 采集的整体数据概率分布情况;(b) 所构建行驶工况概率分布

进一步,还要评价所构建的行驶工况对于能量管理策略研究的适应性,在 ADVISOR 软件数据库中调取 4 款混合动力汽车动力系统开展能量管理策略优化研究,车辆参数如表 3-3 所示;基于粒子群算法在所建立的行驶工况以及所采集的整体数据上分别进行控制策略优化,具体优化方法将在后面章节详细介绍,这里只给出运算结果,如表 3-4 所示。结果显示,在建立的行驶工况下所开发的能量管理策略优化结果与基于实车采集的整体行车数据下所得到结果非常吻合,且不受车辆动力系统参数的影响,因此,所构建的行驶工况适用于电动汽车及混合动力汽车能量管理策略优化的研究与开发。

表 3-3 验证四款车辆的基本参数

车 辆 参 数	Prius	Focus	Insight	Fiat SEIC	SYEV
质量/kg	1398	1157	856	1200	1200
重力加速度/(m/s²)	9.8	9.8	9.8	9.8	9.8
迎风面积/m²	1.746	2.06	1.9	1.79	2.05
摩擦系数	0.015	0.015	0.015	0.015	0.015
风阻系数	0.3	0.312	0.25	0.34	0.301
旋转惯性系数	1.05	1.05	1.05	1.05	1.05

表 3-4 能量管理策略优化结果

车 辆 类 型	行驶工况/(W·h/km)	实车数据/(W·h/km)	偏　　差
Prius	134.5308	134.5373	−0.0065
Focus	119.7260	119.7672	−0.0412
Insight	88.5579	88.5884	−0.0305
Fiat	121.8381	121.8759	−0.0378

3.4　本章小结

本章介绍了行驶工况的概念、类别及工况构建的步骤与算法,以沈阳市区工况为例采用基于双步优化的方法给出了实例,行驶工况的构建对于电动汽车能量管理策略研究非常重要,尤其对于行驶路线较为固定的电动公交车、用于上下班路线的私家车等,不同工况特性会显著影响算法的优化结果。

第4章 混合动力系统最优能量管理策略设计框架

能量管理策略属于车辆动力系统的顶层控制,其作用是在满足各个车载能源、动力部件工作能力等相关约束条件下,实现各部件相互协同工作并确定瞬时功率分配关系,从而实现最好的动力性和经济性,延长电池寿命。本章主要介绍动力系统数学模型、能量管理策略分类与设计方法,给出电池全寿命周期的能量管理策略设计及优化框架。

4.1 系统模型

4.1.1 动力系统总成

能量管理策略涉及整车动力系统的协同控制、功能分析及设计,因此首先需要对所研究的动力系统关键部件进行数学建模。图 4-1 所示为一种串联式插电混合动力汽车的动力系统结构。其中,电池组作为主要的车载储能系统(energy storage system,ESS)提供电动机的动力负载,发动机-发电机组作为辅助动力单元(auxiliary power unit,APU),驱动电机通过自动机械变速器驱动车辆前轴。能量管理系统在 ESS 和 APU 之间进行功率分配,后面会针对主要零部件进行模型的建立。

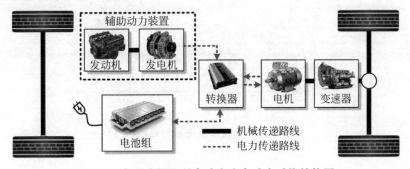

图 4-1 串联式插电混合动力汽车动力系统结构图

在前面章节中我们已经介绍了行驶工况的构建方法,基于车辆行驶工况及车辆动力学模型,可以获得混合动力系统的需求功率,这里还需要考虑各个系统部件的传动效率以及系统动力传递路径,具体过程描述如下。

根据图 4-2 车辆动力学模型得到的力及功率分析如下:

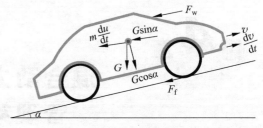

$$\begin{cases} F_{f(t)} = fmg \\ F_{w(t)} = 0.5 C_d A \rho_{air} v^2 \\ F_{j(t)} = \delta ma \\ F_{(t)} = F_{f(t)} + F_{w(t)} + F_{j(t)} \end{cases} \quad (4\text{-}1)$$

图 4-2 车辆动力学模型

$$P_{(t)} = \begin{cases} \dfrac{F_{(t)} v_{(t)}}{1000\eta}, & F_{(t)} \geq 0 \\ \dfrac{F_{(t)} v_{(t)} \eta}{1000}, & F_{(t)} < 0 \end{cases} \quad (4\text{-}2)$$

式中,$F_{f(t)}$ 是滚动阻力;$F_{w(t)}$ 是风阻;$F_{j(t)}$ 是加速阻力;$F_{(t)}$ 是总阻力;$P_{(t)}$ 是需求功率;f 为滚动阻力系数;C_d 为风阻系数;A 为迎风面积;ρ_{air} 为空气密度;v 为车速;δ 为旋转质量换算系数;m 为车辆质量;a 为速度变化率(加速度);η 为传动系统效率。

以典型工况 US06 为例,可以使用行驶工况中的车速以及加速度信息,根据上述公式首先求取车辆的总阻力,然后求解出需求功率,如图 4-3 所示。

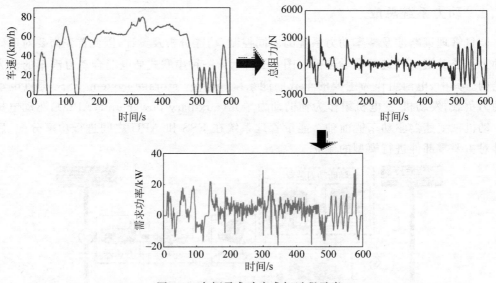

图 4-3 车辆需求功率求解过程示意

4.1.2 动力电池模型

电池模型用于提供电池输出功率与电池电流和 SOC 之间的相互关系,结合电池的相关使用约束,模型所描述的输出功率函数是实现 APU 与电池之间的最优功率分配的前提条件。在能量管理策略的研究中常用等效电路模型来描述电池的工作特性,如图 4-4 所示为一阶 RC 等效电路模型,它主要由一个开路电压模块、反应电池极化特性的 RC 环节、内阻等部分所组成。

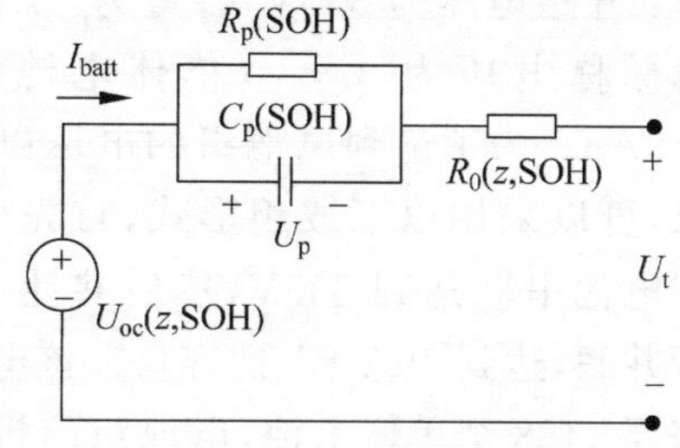

电池模型参数是与电池状态相关的量,通过实验测试可以得到电池的一些特性变化规律,如图 4-5 所示,分别展示了电池欧姆内阻、极化内阻、开路电压以及极化电容等随温度和 SOC 变化的规律。另外,需要注意的是,在长期使用过程中这些参数还与电池的老化状态有关,下面会有进一步描述。

图 4-4 一阶 RC 模型图

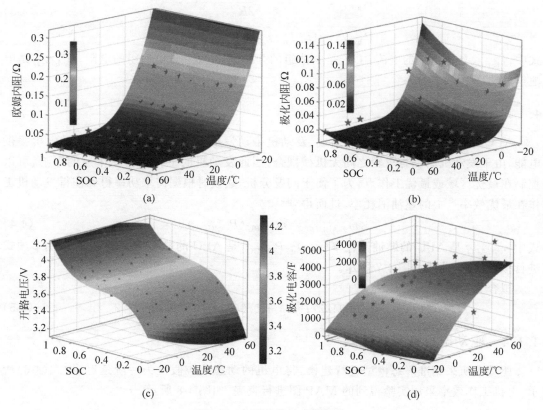

图 4-5 电池的特性变化规律

(a) 欧姆内阻;(b) 极化内阻;(c) 开路电压;(d) 极化电容

图 4-4 中，U_{oc} 为电池开路电压；R_0 为欧姆内阻；R_p 为极化内阻；C_p 为极化电容；U_p 为极化电压；I_{batt} 为电池电流。

实际工程应用中动力电池需要成组应用，通过串并联形式组成电池组，此处设计参数为：开路电压为 335V，容量为 40Ah，单体电池标称电压为 3.6V，单体电池的容量为 2.5Ah。为了达到电池组的电压以及容量要求，可以采用以下成组形式，首先由 93 个单体电池串联达到 335V，然后共计 16 组再进行并联，达到 40A·h 的容量。该电池组共计需要 1488 个单体电池，电池组的排列组合示意图如图 4-6 所示。

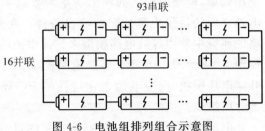

图 4-6 电池组排列组合示意图

根据电池组的排列方式以及单体电池的内阻，可以得出电池组总的内阻。将电池组看成一个整体，电池组的电流及输出功率如式(4-3)所示

$$\begin{cases} I_{\text{batt}(t)} = \dfrac{U_{oc} - \sqrt{U_{oc}^2 - 4R_0 P_{\text{batt}(t)}}}{2R_0} \\ P_{\text{batt}(t)} = U_{oc} I_{\text{batt}(t)} - I_{\text{batt}(t)}^2 R_0 \end{cases} \quad (4\text{-}3)$$

式中，$I_{\text{batt}(t)}$ 是电池组的电流；U_{oc} 是电池组的开路电压；R_0 是电池组的电阻；$P_{\text{batt}(t)}$ 是电池组的功率。

4.1.3 APU 模型

APU 系统由发动机和发电机组成，发动机带动发电机进行发电，从而对驱动电机提供电能，由于发动机曲轴与车轮之间无机械耦合，因此发动机的工作点不受车速的影响，可以控制在最优区域或最优工作点，为了便于问题分析，建模时根据需求功率得到使得发动机工作在最优效率点上的燃油消耗率，进而得到

$$\dot{m}_{\text{f,APU}(t)} = \dot{m}_{\text{f,APU}}(P_{\text{APU}(t)}) \quad (4\text{-}4)$$

式中，$\dot{m}_{\text{f,APU}}$ 是 APU 的燃油消耗率(g/s)；$P_{\text{APU}(t)}$ 是 APU 的输出功率(kW)。采用多项式进行拟合，拟合曲线如图 4-7 所示。

拟合方程为

$$\dot{m}_{\text{f,APU}} = 0.0004227 P_{\text{APU}}^2 + 0.06234 P_{\text{APU}} + 0.07302 \quad (4\text{-}5)$$

4.1.4 驱动电机模型

驱动电机采用准静态模型进行建模，将电机的动态响应假设为一阶延迟，如式(4-6)所示，电机工作效率采用实验得到的 MAP 图进行查表，如图 4-8 所示。

$$T_m = \frac{1}{1 + \tau s} T_m^* \quad (4\text{-}6)$$

式中,T_m^* 为电机目标转矩;T_m 为电机转矩;τ 为时间常数。

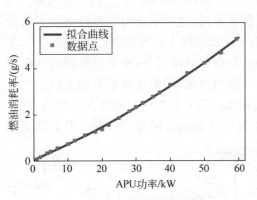

图 4-7 APU 功率-燃油消耗率图

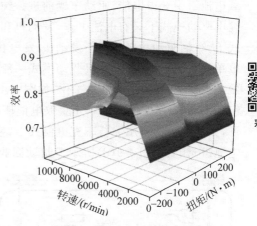

彩图 4-8

图 4-8 驱动电机的效率图

4.2 能量管理策略设计

能量管理策略是指在满足需求功率的前提下通过控制优化实现多能量源的功率分配,以达到综合性能的最优,例如实现最优能量经济性、延长电池寿命、降低排放等;因此,混合动力系统能量管理策略可以看作利用一系列离散控制使一定时间范围内车辆行驶的性能指标最小化的最优控制问题。实际使用中,车辆控制本质上有两个层次的控制任务。下层控制用于实现车辆各个部件功率的单独控制,一般可采用常规反馈控制法,因而也称为部件层。上层控制主要接收处理车辆状态信息(发动机速度、发电机转速、电机转速等)和驾驶员命令(期望车速、加速度和方向盘转角等)并输出下层执行器的最优工作点期望值,从而实现车辆的能量管理控制。当前,能量管理策略方法一般可分为三类:基于规则的方法、基于优化的方法和基于机器学习的方法。目前已有较多文献对各种类别的能量管理策略设计方法进行了综述,此处不再重复。本书重点针对其中的基于优化的方法展开描述。基于优化的能量管理策略设计是将控制问题转化为优化问题,基于全局优化算法可以实现整个行驶范围内的最优控制,常用的算法包括动态规划(dynamic programming, DP)、粒子群优化(particle swarm optimization, PSO)、遗传算法(genetic algorithm, GA)、模拟退火算法(simulated annealing, SA)、蚁群算法(ant colony optimization, ACO)、差分进化算法(differential evolution, DE)等。本节以 PSO 算法为例,介绍混合动力系统最优能量管理策略的设计方法,并给出在动力电池全寿命周期内的能量管理策略设计及优化框架。

4.2.1 模式控制

针对串联式混合动力系统结构,基本工作模式包括纯电驱动模式、纯发动机驱动模式、混合驱动模式、行车充电模式、制动回收模式、停车充电模式等。纯电驱动模式下,车辆从车载电池组中获得电能,驱动车辆前进。纯电驱动模式一般用于城市拥堵工况或者短途通行,纯电驱动模式下只有电池工作,发动机和发电机不工作,如图4-9(a)所示。纯发动机驱动模式下,车辆驱动功率来源于发动机-发电机组成的发电单元,这时电池组既不供电也不从发电单元获取电能,纯发动机驱动模式一般应用于高速巡航工况下。纯发动机驱动模式下,仅发动机-发电机和驱动电机工作,如图4-9(b)所示。混合驱动模式下,驱动电机同时从电池组和发动机-发电机发电单元获取电能驱动车辆,一般用于超车、爬坡等需要动力性的工况下,如图4-9(c)所示。行车充电模式下,发动机-发电机除向车辆提供行驶所需功率外,还向电池组充电,如图4-9(d)所示。制动回收模式(即再生制动能量回收)下,由牵引电动机作

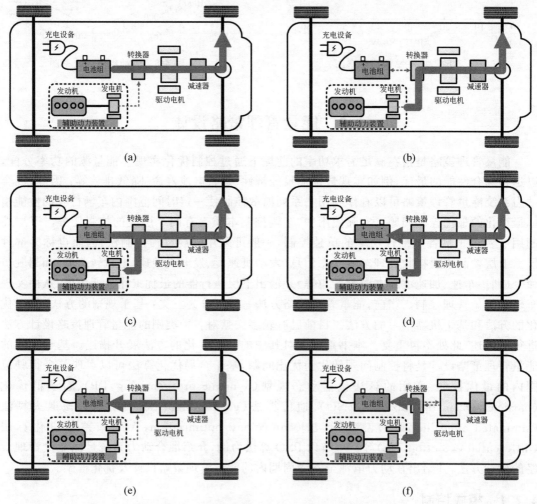

图4-9 串联式混合动力汽车的工作模式
(a)纯电驱动;(b)纯发动机驱动;(c)混合驱动;(d)行车充电;(e)制动回收;(f)停车充电

为发电机回收减速或制动过程的能量并向电池组充电。当车辆减速制动时，驱动电机变为发电机，产生的电能通过功率转换器储存到电池中，如图 4-9(e) 所示。停车充电模式下，牵引电动机不接收功率，车辆停止，发动机-发电机组仅向电池组充电，如图 4-9(f) 所示。实际工作的工作模式需要经过能量管理策略的优化，在满足动力性能需求的前提下，为了保护电池的状态和性能，或者其他目标，使用优化算法执行不同的工作模式。

4.2.2 优化模型

如前所述，混合动力汽车的能量管理策略设计问题可以转化为有限时间范围内的优化问题，首先以行程内的能耗最小化为能量管理系统的控制目标为例，建立起最优控制问题的数学模型并给出其优化问题的一般性框架。对于传统混合动力汽车而言，电池系统的 SOC 往往稳定在一个固定的范围，即起始 SOC 值近似相同，因此混合动力汽车的能量管理策略优化目标问题常常可描述为从 $t=0$ 时刻开始到时刻结束的行程上，寻找一个控制量 $u(t)$，使燃油消耗量最小化，即

$$J = \int_{t_0}^{t_f} \dot{m}_f(u(t),t) \mathrm{d}t \tag{4-7}$$

式中，$\dot{m}_f$ 为燃油消耗率。

部分研究中还将尾气排放纳入优化目标中，以获得整车最大的燃油经济性和最低的尾气排放。例如，通过优化控制油门开度限制、电池电量的下限、电池电量的上限、最低车速、最高车速等参数来实现油耗及 HC、CO、NO_x 3 种废气排放达到最优，表示为

$$\min\{f_{\text{fuel}}(X), f_{\text{HC}}(X), f_{\text{CO}}(X), f_{NO_x}(X)\} \\ \text{s.t.} \quad X_{i,\min} \leqslant X_i \leqslant X_{i,\max}, \quad i=1,2,\cdots,5 \tag{4-8}$$

式中，$f_{\text{fuel}}, f_{\text{HC}}, f_{\text{CO}}, f_{NO_x}$ 分别是车辆的燃油消耗及 HC、CO、NO_x 的尾气排放量；$X = [x_1, x_2, \cdots, x_5]$ 是优化参数，$X_{i,\min}$ 与 $X_{i,\max}$ 是各优化参数的约束条件。

但是，在插电式混合动力汽车中，由于电池系统可以进行外接充电，因此电力部分占据主导，大部分情况下会处于电量消耗状态，即电池起始 SOC 值很高、终止 SOC 值很低，因此尾气排放在优化问题中不再重要，反之，由于电池电量消耗程度增加，电池的老化问题变得不容忽视，由于电动汽车中电池的高昂成本，因此电池老化所折算出来的成本损失需要纳入考虑，从而得到如下更具有一般性的目标函数表达式：

$$J = \Phi(x(t_f)) + \int_{t_0}^{t_f} L(x(t), u(t), t) \mathrm{d}t \tag{4-9}$$

式中，函数 Φ 表示电量消耗所对应的电池寿命折损成本，函数 L 为包含油、电消耗的直接成本。不同优化目标之间的重要性可用加权因子表征。

状态变量 $x(t)$ 为电池 SOC 值、需要优化的参数 $u(t)$ 为电池的输出功率，整车状态变量和控制变量的约束分全局约束和局部约束。全局约束一般指行驶结束时电池 SOC 值应高于预设的给定 SOC 下限。对于混合动力汽车而言，意味着完成当前行驶行程后，电池电能

既没增加也没减少，而是保持不变。而在插电式混合动力汽车中，只需要使最终电池 SOC 不低于设定的 SOC 下限即可。局部约束一般包括状态变量和控制变量瞬时值需要满足的约束条件，包括电池 SOC 和电池必须维持在一定范围内高效率工作并提高其使用寿命，发动机、电机的转矩和转速由于物理限制的约束需要设定工作范围，约束条件如下

$$\begin{cases} SOC_{min} \leqslant SOC(t) \leqslant SOC_{max} \\ P_{batt,min} \leqslant P_{batt}(t) \leqslant P_{batt,max} \\ P_{e,min} \leqslant P_e(t) \leqslant P_{e,max} \\ n_{e,min} \leqslant n_e(t) \leqslant n_{e,max} \end{cases} \quad (4\text{-}10)$$

式中，n_e 表示发动机的转速。

当电池容量达到一定程度之后，电池成本占整车购置成本的比例很高，因此电池老化引发的电池成本折算将不容忽视，因此需要将电池寿命衰减所对应的等效成本引入优化目标中，将整车综合燃油消耗及电池寿命衰减最小作为目标的优化问题，通常可以引入权重因子 $\mu(0 \leqslant \mu \leqslant 1)$，将上述优化问题转化为单目标优化问题，目标函数的表达式如下：

$$\begin{cases} J = \sum_{k=1}^{N} L(x_k, u_k) \\ L(x_k, u_k) = (1-\mu)C_E(x_k, u_k) + \mu Q_H(x_k, u_k) C_a \\ C_E(x_k, u_k) = b_e + \beta P_{batt} \\ Q_H(x_k, u_k) = \sigma(I, \theta, SOC) \mid I_{c(k)} \mid \end{cases} \quad (4\text{-}11)$$

式中，$C_E(x_k, u_k)$ 为整车综合能耗，包括燃油消耗和电量消耗；b_e 由发动机转速、转矩，根据发动机燃油消耗万有特性曲线插值确定；β 为油电成本转化系数；θ 为环境温度；I_c 为电流倍率；$Q_H(x_k, u_k)$ 为电池安时吞吐量；C_a 为寿命成本转化系数。

4.3 全寿命周期能量管理策略设计及优化方法

随着电池的使用，电池老化对能量管理策略会产生越来越明显的影响，对于电池老化可以通过将电池老化加入到目标函数中，从而对控制参数产生影响。本节将详细论述电池老化对控制参数的影响，其中使用的算法会在后面的章节详细讲述。如何将电池老化加入到目标函数中，也会在第 6 章中进行详细的论述。

4.3.1 全寿命周期能量管理策略

将电池寿命加入到能量管理策略中，使用电池健康度（SOH）来描述电池老化的不同状态，定义为当前最大容量与标称容量之比。设定两个阈值：δ_1 和 δ_2。其中，δ_1 表示 SOC 高阈值，δ_2 表示 SOC 低阈值。当电池 SOC 高于 δ_1 时，则优先使用"纯电模式"，由电池提供能量来满足负载的要求，仅当电池功率无法满足负载要求时使用发动机对电池进行补充；

当电池 SOC 低于 δ_1 时,按如下策略进行分配:

(1) 当电池 SOC 高于低阈值(SOC$\geqslant\delta_2$)时

$$P_E = \max\left\{\psi_E, \frac{P_{req} - P_{Batt\_max}(z, SOH)\eta_{batt}}{\eta_{APU}}\right\} \tag{4-12}$$

$$\psi_E = \begin{cases} P_\sigma, & \dfrac{P_{req}}{\eta_{APU}} \in (P_H, P_{E\_max}] \\ P_{opt}, & \dfrac{P_{req}}{\eta_{APU}} \in (P_L, P_H] \\ 0, & \dfrac{P_{req}}{\eta_{APU}} \in [0, P_L] \end{cases} \tag{4-13}$$

式中,P_{opt} 表示发动机在其最高效率点处的功率;P_L 和 P_H 表示限定发动机高效率范围的两个阈值;P_σ 表示需要优化的发动机需求功率。P_L、P_H 和 P_σ 由 PSO 算法优化得到,下一节中阐述了求解过程。

首先需要对发动机预提供的功率进行计算,当需求功率大于发动机高效率区间的上限,且小于发动机能提供的最大功率时,发动机提供的功率需要通过优化算法得到;当需求功率在发动机高效率区间内,则发动机提供的功率为最高效率点处的功率;当需求功率小于发动机高效率区间的下限时,发动机不提供功率。

电池组的输出功率表示为关于电池 SOC 和 SOH 的函数,通过离散求解过程计算:

$$P_{batt\_max,k}(z, SOH) = n_{batt} \cdot U_{tmin} \left\{ \frac{OCV(z_{k-1}, SOH_{k-1}) - U_{p,k} - U_{tmin}}{\frac{\Delta t \eta_{batt}}{Q_{batt}(SOH_{k-1})} \frac{\partial OCV(z)}{\partial z}\bigg|_{z=z_{k-1}} + R_0(z_{k-1}, SOH_{k-1})} \right\} \tag{4-14}$$

式中,n_{batt} 表示电池组中包含的电池个数,U_{tmin} 表示低截止电压,z 表示电池 SOC。

需求功率由发动机提供的功率和电池组提供的功率组成,需求功率减去优化得到的电池组功率,然后与发动机预提供的功率进行比较,取两者之间的较大者作为最终的发动机输出功率。

(2) 当电池 SOC 低于低阈值(SOC$<\delta_2$),电池组停止放电,发动机提供全部的需求功率为

$$P_E = \max\left\{0, \frac{P_{req}}{\eta_{APU}}\right\} \tag{4-15}$$

4.3.2 粒子群优化算法框架

上述的能量管理策略以典型行驶工况的功率需求作为输入,采用 PSO 算法进行优化。在后面的章节会对 PSO 算法进行详细的讲述。首先,需要确定 3 个控制系数(2 个阈值和 1

个功率需求)，表示为

$$X = [P_H \quad P_L \quad P_\sigma] \tag{4-16}$$

式中，X 表示 PSO 算法中粒子的位置。

通过离线实现 PSO 算法，需要注意的是电池状态随着老化而发生变化，由全新电池所建立的最优控制律需要随着电池老化而发生调整，因此我们需要建立关于不同老化状态下的电池特性并得到不同 SOH 所对应的最优控制律。关于电池老化特性的分析将在下一节给出，这里只描述优化方法，设定粒子群的规模 $M=60$，最大迭代步数 $N_p=1000$。对于每个粒子 i，其速度和位置按以下表达式更新：

$$\begin{cases} V^i(k+1) = wV^i(k) + c_1 r_1 (P^i(k) - X^i(k)) + c_2 r_2 (G^i(k) - X^i(k)) \\ X^i(k+1) = X^i(k) + V^i(k) \end{cases} \tag{4-17}$$

式中，w 是惯性因子；r_1 和 r_2 表示两个随机值，$r_1, r_2 \in (0,1)$；c_1 和 c_2 是加权系数；P^i 表示粒子 i 在历史迭代中的最佳位置；G^i 表示在当前迭代步骤处的某个邻域内的最佳位置。

一旦得到最优解 X，则在已有混合策略的基础上，进一步推导出控制策略 $u = [P_E, P_{batt}]^T$，即 $u = f(X)$。由于采用了参数变化的电池老化模型来代替传统的电池模型，所以 X 中的系数都被处理为 SOH 的函数。

利用 PSO 算法对不同时效条件下的控制策略进行离线优化，电池管理系统硬件提供当前 SOH 和 SOC 信息的在线估计，然后通过查表法可以在线实现。

综上，最优控制变量描述为

$$u^* = \begin{bmatrix} P_E \\ P_{batt} \end{bmatrix} = f(X^*(SOH)) \tag{4-18}$$

4.3.3 电池老化影响特性

为了建立不同 SOH 所对应的最优控制律，这里使用 13 个 18650 型 LiFePO$_4$ 电池进行老化实验，每个电池循环到不同的老化阶段，然后在 UDDS 行驶工况下测试电池特性，从而获得不同老化条件下的电池参数。为了便于观察，采用 4 个典型电池(记为 No.1～No.4)的测试数据来绘制结果并提出数学表达式。表 4-1 总结了这 4 个电池的容量和相应老化状态，实验所使用的电池参数见表 4-2。

表 4-1 电池的老化情况

电池编号	1	2	3	4
容量/A·h	1.299	1.217	1.158	1.071
SOH	96.21%	90.13%	85.76%	79.34%

表 4-2 测试电池的参数

参　　数	数　　值	参　　数	数　　值
标称容量/A·h	1.35	充电截止电压/V	3.65
标称电压/V	3.2	放电截止电压/V	2.5
温度范围/℃	−20～60	内阻/mΩ	33

通过以下两个步骤建立了模型参数的数学表达式。第一步：将测试数据分成很多小的数据段,范围从 SOC=0.1 到 SOC=1.0；采用 GA 算法对各数据段的模型参数进行优化。优化的目标是寻找最优参数 $\rho_{(j)} = [U_{oc(j)}, R_{0(j)}, R_{p(j)}, \tau_{(j)}]$ 使模型在每段 j 处的误差最小。结果如图 4-10 所示。

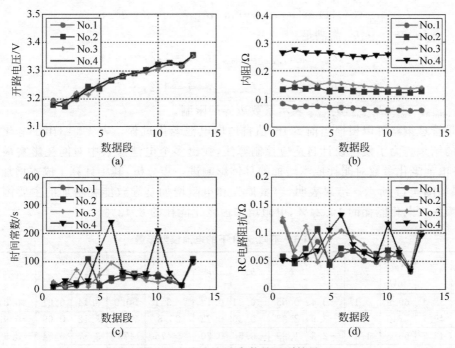

图 4-10　四个电池参数的识别结果
(a) 开路电压；(b) 内阻；(c) 时间常数；(d) RC 电路阻抗

第二步：建立模型参数的数学表达式。在不同的 SOH 条件下,U_{oc} 和 R_0 与 SOC 有明显的对应关系,而 R_p 和 τ 则随一定的值而波动。因此,对整个 SOC 范围内的 U_{oc} 和 R_0 进行连续多项式拟合,而 R_p 和 τ 由平均值代替。

$$\begin{cases} U_{oc}(z) = a_1 z^3 + a_2 z^2 + a_3 z + a_4 + a_5 \exp\left(-\dfrac{a_6}{z}\right) \\ R_0(z) = b_1 z^4 + b_2 z^3 + b_3 z^2 + b_4 z + b_5 \\ \bar{R}_p = \dfrac{\sum R_p^{(j)}}{n} \\ \bar{\tau} = \dfrac{\sum \tau^{(j)}}{n} \end{cases} \quad (4\text{-}19)$$

式中，$a_1 \sim a_6$ 和 $b_1 \sim b_5$ 为系数，n 为数据总数。

基于上述表达式，再次执行 GA 算法，以在每个老化条件下对整个 SOC 范围执行参数的识别。GA 要优化的系数改写为

$$\rho(\text{SOH}) = [a_1, a_2, \cdots, a_6, b_1, b_2, \cdots, b_5, \bar{R}_p, \bar{\tau}] \quad (4\text{-}20)$$

式中，$a_1, \cdots, a_6, b_1, \cdots, b_5$ 需满足

$$\begin{cases} a_i \in [a_{i,\min}, a_{i,\max}], & i = 1, 2, \cdots, 6 \\ b_j \in [b_{j,\min}, b_{j,\max}], & j = 1, 2, \cdots, 5 \end{cases} \quad (4\text{-}21)$$

式中，$a_{i,\min}, a_{i,\max}, b_{j,\min}, b_{j,\max}$ 表示系数边界的限制。

能量管理策略可以根据当前 SOH 值自适应电池老化过程。表 4-3 给出了老化表达式中参数的结果。为了便于设计自适应控制算法，找出多个电池参数中对能耗影响最大的参数，对各电池老化参数对能耗成本增加的具体影响进一步分析，其中计算了成本增加的百分比，结果如图 4-11 所示。结果表明，容量损失和电阻增加是导致能耗增加的主要因素。其中容量损失占老化能耗的 10.24%，电阻增加占老化能耗的 6.42%。

表 4-3 不同 SOH 下的电池模型参数

SOH/%	τ	R_p/mΩ	b_1	b_2	b_3	b_4	b_5	a_1	a_2	a_3	a_4	a_5	a_6
96.21	52.1	69.9	0.1	−0.4	0.55	−0.31	0.12	−3.1	50.0	3.14	0.61	−0.84	0.44
93.28	49.7	57.0	1.8	−3.9	2.88	−0.89	0.22	26.8	73.0	3.12	0.69	−0.99	0.52
91.60	42.7	56.3	1.4	−2.8	1.89	−0.56	0.20	−475	475	3.17	0.54	−0.85	0.51
90.13	51.2	70.2	0.3	−0.8	0.69	−0.29	0.18	301.9	310.1	3.12	0.74	−1.09	0.59
89.40	52.1	68.2	0.6	−1.5	1.29	−0.51	0.14	−498.0	116.7	3.12	0.70	−1.0	0.53
88.60	51.7	78.4	0.3	−0.7	0.53	−0.22	0.22	479.9	138.0	3.13	0.67	−0.99	0.55
88.05	48.5	75.5	0.2	−0.6	0.55	−0.27	0.16	−475	139.9	3.13	0.65	−0.94	0.51
87.38	50.1	71.5	0.2	−0.6	0.62	−0.31	0.25	483.5	145.9	3.13	0.64	−0.92	0.49
85.73	49.8	72.2	0.1	−0.3	0.14	−0.07	0.12	10.5	72.3	3.12	0.69	−1.01	0.55
84.56	49.1	75.3	0.4	−1.0	0.90	−0.37	0.17	4.7	54.6	3.1	0.79	−1.18	0.63
82.61	46.7	72.7	0.6	−1.4	1.24	−0.49	0.15	0.8	41.5	3.1	0.78	−1.14	0.61
81.26	53.6	69.5	0.4	−0.9	0.73	−0.27	0.24	1.2	51.0	3.12	0.69	−1.02	0.55
79.34	55.7	66.4	−0.3	0.4	0.07	−0.18	0.29	270.3	356.8	3.12	0.71	−1.03	0.54

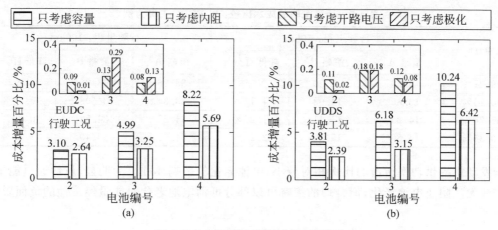

图 4-11 电池老化对能耗成本的影响
(a) EUDC 行驶工况；(b) UDDS 行驶工况

4.4 仿真结果

对上文所建立的能量管理策略进行仿真验证及分析，这里构建了两种情况：一是考虑了电池老化影响的最优策略（记作策略 A），另一种为不考虑电池老化影响的最优策略（记作策略 B），两种策略基于相同的控制算法和优化过程，唯一的区别是策略 B 没有考虑电池老化的影响，而变化的控制参数使得策略 A 能够根据当前 SOH 值自适应电池老化过程。

仿真中采用的燃料价格和电力价格分别设为 5.86 元/L 和 0.82 元/kW·h，阈值 δ_1 和 δ_2 分别为 0.5 和 0.2。表 4-4 和表 4-5 给出了两种策略所得到的能耗成本仿真结果（单位：元）。可以看出，当 SOH 从 96.21% 变化到 79.34% 时，在 UDDS 和 EUDC 工况中行驶 50km 时，如果不考虑电池老化（策略 B），能耗分别会增加 15.19% 和 14.28%。在不更换老化电池包的情况下，采用策略 A 则可以在一定程度上缓解电池老化的影响：与不考虑电池老化的策略相比，UDDS 和 EUDC 工况的能量消耗均降低了 2.24%。当电池深度老化时，以健康状态的电池为对象所设计的能量管理策略已经不再适用于老化状态的电池中。因此，当电池 SOH 发生变化时，调整能量管理参数是必要的。尤其对于行驶里程较短的情况，

表 4-4 两种策略的能耗成本对比：以 UDDS 工况为例

SOH	行驶里程：50km			行驶里程：100km		
	策略 A	策略 B	降低百分比	策略 A	策略 B	降低百分比
96.21%	13.16	13.16	—	32.95	32.95	—
90.13%	13.75	13.90	1.08%	33.63	33.83	0.59%
85.76%	14.13	14.34	1.46%	34.05	34.38	0.96%
79.34%	14.82	15.16	2.24%	34.90	35.38	1.36%

表 4-5　两种策略的成本比较：以 EUDC 工况为例

SOH	行驶里程：50km			行驶里程：100km		
	策略 A	策略 B	降低百分比	策略 A	策略 B	降低百分比
96.21%	13.30	13.30	—	33.26	33.26	—
90.13%	13.86	14.02	1.14%	33.84	34.08	0.70%
85.76%	14.23	14.41	1.25%	34.22	34.52	0.89%
79.34%	14.86	15.20	2.24%	34.91	35.40	1.38%

由于发动机提供功率所占的比例相对较小，电池老化的影响往往更为明显，虽然通过能量管理方法无法阻止电池老化，但合理的策略可以部分抵消电池老化对能量经济性的负面影响。

4.5　本章小结

本章主要介绍了混合动力系统模型、能量管理策略的分类与设计方法，基于系统的控制模式划分给出了能量管理策略的一般性优化方法，给出了混合动力汽车的一般性优化框架，以 PSO 算法为例介绍了串联式混合动力汽车在电池全寿命周期的能量管理策略的设计及优化方法，最后对所建立的控制算法进行了仿真分析。

第 5 章 能量管理策略的粒子群优化方法

基于第 4 章能量管理策略的设计框架,本章进一步介绍 PSO 算法的具体原理及其在能量管理策略中的应用方法,最后给出面向不确定性行驶工况的插电式混合动力汽车能量管理策略优化设计实例。

5.1 粒子群优化算法原理

PSO 算法是最具代表性的一种群智能搜索算法,由 Eberhart 博士和 Kennedy 博士于 1995 年提出,这种算法是模拟鸟类的群体觅食行为特征所设计的一种仿生寻优算法,算法首先将待优化问题映射到一个 N 维空间,其空间的维度即为优化问题中决策变量(待优化参数)的个数。举例来说,如果我们需要同时优化 x_1,x_2,x_3 3 个决策变量,使得目标函数 $y=f(x_1,x_2,x_3)$ 达到最小,那么这就是一个 3 维空间,这 3 个维度分别对应了 x_1,x_2,x_3 3 个决策变量的取值;决策变量的约束条件决定了这个 N 维空间的边界,即确定了解的可行域。接下来设置一群(M 个)粒子,这些粒子可以在这个 N 维空间内自由地运动,其中,每一个粒子所处的空间位置对应着优化问题的一个可行解$\{x_1,x_2,\cdots,x_j,\cdots,x_N\}$($j$ 表示维度),同时可以计算出该可行解所对应的目标函数 $y=f(x_1,x_2,\cdots,x_j,\cdots,x_N)$,这里我们称之为"适应度函数"。适应度反映了当前解距离最优解的接近程度,大部分优化问题都可以转化为最小化问题,即适应度越小,表示该粒子所处的位置越优。算法寻优的过程,就是粒子群在可行域空间内的移动并搜索适应度全局最小值的过程。令 $x_{ij}(t)$ 表示当前时刻 t 中第 i 个粒子在 j 维度上的位置,粒子的位置根据粒子当前的速度进行迭代更新,下一时刻的位置更新表示为

$$x_{ij}(t+1)=x_{ij}(t)+v_{ij}(t) \tag{5-1}$$

式中,$v_{ij}(t)$ 表示当前时刻 t 中第 i 个粒子在 j 维度上的运动速度分量。

粒子的速度也在不停地变化,而 PSO 算法的关键之处就在于速度向量的更新机制,每个粒子根据 3 个部分来更新自身的速度:一是该粒子自身上一时刻的速度,称之为惯性部分;二是该粒子从开始到当前时刻所找到过的最佳位置(个体最优),称之为认知部分;三

是当前时刻整个粒子群中的最佳位置(群体最优),称之为社会部分。具体表示如下式所示:

$$v_{ij}(t+1) = wv_{ij}(t) + c_1r_{1j}(t)(p_{ij}(t) - x_{ij}(t)) + c_2r_{2j}(t)(g_j(t) - x_{ij}(t)) \quad (5-2)$$

式中,w 为惯性权重;c_1 与 c_2 为常数;r_{1j} 与 r_{2j} 分别为在区间[0,1]上的随机数,其作用是为算法引入了一定的随机性;$p(t)$ 表示该粒子从第一次迭代到当前时刻为止,自身所历经的所有位置中的最佳位置;$g(t)$ 表示当前时刻整个种群的全局最优值。

粒子在飞行的过程中沿着自身上一时刻的运动方向以一定的惯性继续前进,同时根据自身的"经验"(认知部分)和来自其他粒子的"信息"(社会部分)来调节速度方向,使得每一次的飞行能够按照一定的潜在规律靠近更优的位置,每一个粒子都是按照这样的规律从当前位置不停地去往下一个位置,整个群体在移动的过程中逐渐搜索到全局最优点。需要说明的是,在实际操作中"群体最优"的定义常有不同,可以表示为所有粒子至今找到过的最佳位置,即所有粒子的自身最佳位置相互比较取最优,表示为

$$f(g(t)) = \min\{f(p_i(t))\}, \quad i = 1, 2, \cdots, M \quad (5-3)$$

式中,M 为种群规模;$f(\cdot)$ 为适应度函数。

群体最优也可以表示所有粒子的当前时刻位置中的最优位置,表示为

$$f(g(t)) = \min\{f(x_i(t))\}, \quad i = 1, 2, \cdots, M \quad (5-4)$$

以上两种方法均为从整个群体中确定 $g(t)$,除此之外,还可以使用邻域最优替代整个群体最优来反映社会部分,也就是说,每个粒子只与周边一定邻域范围内的其他粒子互通信息,而非整个群体,具体表示为

$$g_i(t) \in \chi_i \mid \{f(g_i(t)) = \min\{f(x(t))\}, \forall x \in \chi_i\} \quad (5-5)$$

式中,χ_i 表示第 i 个粒子的邻域,即

$$\chi_i = \{x_{i-m}, x_{i-m+1}, \cdots, x_{i-1}, x_i, x_{i+1}, \cdots, x_{i+m}\} \quad (5-6)$$

式中,m 为邻域大小,因此群体最优可以视为邻域最优的一个特例。当 $m=M$ 时,邻域最优即变为了群体最优。

需要注意的是,这里是采用粒子的索引编号而非空间位置来定义邻域,这样不需要复杂的欧氏距离计算,易于算法实现,同时采用索引编号忽略了空间位置,有助于将信息传播到更远处的粒子,提高算法搜索时的多样性。采用邻域最优与群体最优在算法性能上是有差异的,如果在计算社会部分的时候采用整个群体,那么会使整个粒子群之间的信息交互保持很强的状态,这样会加速算法的收敛速度,但是从寻优的角度而言,这会使整个群体过早地趋向于集中,不利于在整个搜索空间中保持搜索路线的多样性,可能会使算法未能遍历全局最优所在的区域之前就落入局部最优。PSO算法一般用作离线优化算法,相较于寻优精度而言收敛速度并非最重要的关注点,所以大部分情况下采用邻域最优会取得更佳的效果。

在速度更新公式中还有3个参数需要进一步说明,首先是速度惯性部分的惯性权重 w,这个参数对算法性能有较大影响,w 越大,则粒子更趋向于可以飞行到更远的区域,而更少地受认知和社会的影响。通俗地说,就是粒子更加"盲目"和不听指挥,这样会使整个种群在搜索时更加发散,从而使得搜索路线更具多样性,即全局搜索能力越好。但是这样一来,

局部搜索的寻优能力会相应变差。因此通常的做法是在算法迭代初期选取较大的 w，并使其随着迭代次数的增加而逐渐减少，从而兼顾群智能算法的多样性和搜索能力。

$$w = w_{\max} - \frac{(w_{\max} - w_{\min}) \times k}{k_{\max}} \tag{5-7}$$

式中，$w_{\max}$ 和 $w_{\min}$ 分别为设置的最大惯性权重和最小惯性权重；k 表示当前迭代次数；$k_{\max}$ 代表预设的最大迭代次数。

c_1 为调节种群粒子向个体极值的移动速度，c_2 为种群粒子向群体极值的移动速度。若 $c_1=0$，则 PSO 算法没有个体经验并且只有群体之间的经验共享，这种情况下的算法收敛速度快，但容易陷入局部最优，若 $c_2=0$，则效果相反，通常情况下，可以设置 $c_1=c_2$，从而平衡粒子群的个体经验与群体经验。

综合以上，给出 PSO 算法的执行步骤如下：

第一步：初始化参数

（1）初始化粒子种群规模 M，根据具体的问题确定，一般为 20~50；

（2）根据优化变量确定搜索空间的维度 N；

（3）初始化粒子的位置和速度：粒子位置的初始化应该使所有的粒子在搜索空间内均匀分布或者随机分布，而粒子速度一般初始化为 0；

（4）设置惯性权重 w、加速常数 c_1 和 c_2；

（5）根据优化问题的约束条件初始化粒子的搜索边界；

（6）确定最大迭代次数。

第二步：算法迭代

在所有粒子的初始位置确定之后，即可计算粒子的适应度值并进行比较，确定出个体最优（在第一次迭代中个体最优即为初值）与群体最优，即可根据位置更新公式与速度更新公式进行迭代更新。在每一次的迭代过程中均可记录所得到的当前最优值，我们可以实时记录这个值的更新过程。

第三步：结束

当算法达到预设的结束条件时退出。算法终止条件的设置方式很多，这里仅给出三种常用的且易于实现的算法结束条件：

（1）迭代次数达到预设最大迭代次数：通过预先设定的最大迭代次数来终止算法。这种设置最为简单，但实际上却是非常好用的，尤其在缺乏对最优解的先验知识情况下，只要通过几次试错来确定算法收敛所需的大致迭代次数，然后设置终止条件即可。

（2）得到可接受的解：在某些优化问题中我们对最优解有一定预期，例如在最优参数辨识时可能期望模型的误差低于某要求，此时适应度函数即为模型误差，设置一个阈值，当所得到的最优解适应度低于此值，则算法终止。

（3）一定次数的迭代内没有改进：在连续一定次数的迭代后，如果粒子群最优位置没有再发生改变，则视为已经收敛。

5.2 粒子群优化算法在能量管理策略中的应用

前面介绍了 PSO 算法原理,接下来结合第 3 章中行驶工况的构建与第 4 章中的最优能量管理策略设计框架,进一步阐述如何将 PSO 算法应用在插电式混合动力汽车能量管理策略设计中。具体来说,基于 PSO 算法的能量管理策略是在预先已知的行驶工况下通过离线优化的方法来确定最优的算法控制参数,使得整个工况下的适应度函数达到最小值,本书适应度函数直接对应车辆消耗的能量成本。不可否认,在线实施时由于实时行驶情况会与离线训练工况有不同,所以离线所得到的全局最优在实际应用时会与实际最优有一定偏差,但是离线设计与优化仍然在能量管理系统研发中起到了重要的作用。在线运行时,我们可以通过对关键参数的动态调整以增加算法对不确定性工况的适应性。

第 4 章给出了串联式结构的插电式混合动力汽车系统结构和模型,此处不再赘述。能量消耗以给定驾驶行程的电力成本和燃料成本之和的形式表示,定义为

$$J = E_C(\boldsymbol{u}) = \sum_{t=1}^{N}\gamma_\varphi(t)\Delta t = \sum_{t=1}^{N}\left[v_{\text{fuel}}\frac{P_E(t)}{3600} + v_{\text{elec}}\frac{P_{\text{batt}}(t)}{3600}\right]\Delta t \tag{5-8}$$

式中,$\boldsymbol{u}$ 表示来自车辆能量管理系统的功率分配的控制变量,即 $\boldsymbol{u} = [P_E(t), P_{\text{batt}}(t)]^T$;$P_E$ 表示发动机功率;P_{batt} 表示电池功率;γ_φ 表示能耗成本;Δt 表示时间步长;N 表示总步长数;v_{fuel} 表示燃油的单价,v_{elec} 表示电的单价,单位均为元/kW·h。

5.2.1 基本控制模式

在实施 PSO 算法之前需要确定控制系统的基本工作模式和控制策略,以所示的串联插电式混合动力汽车为例,定义了三种工作模式,即

(1) 电力消耗-纯电驱动模式(CD-electric,CD-E):当负载功率不是非常大且电池组荷电状态(SOC)较高的情况下首选此模式,系统的需求功率完全由电池组提供,发动机处于关闭状态。

(2) 电力消耗-混合驱动模式(CD-hybrid,CD-H):当需求功率过高或者电池组 SOC 低于某阈值时,启用此模式,此时电池组仍是需求功率提供的优先选择,但是算法会根据整体寻优情况在发动机和电池之间进行功率分配。

(3) 电力维持模式(CS):当电池 SOC 低于某下限阈值后启用此模式,该模式下维持电池 SOC 不再继续下降,此时 APU 负责满足负载功率,电池组仅用于车辆制动时回收能量,或当功率请求超过 APU 能够提供的最大功率时对需求功率进行补充。

基于上述三种模式,可以写出控制策略的基本框架(即基于规则的控制策略),此处假设 SOC=0.2 和 SOC=0.4 作为前述的两个阈值来确定操作模式之间的切换,为了更清楚地描述控制规则,这里省略了电池组和 APU 的效率,但是在编程时必须添加这两个效率以保证结果符合实际。

模式1：CD-E 驱动模式，判断条件是：SOC≥0.4，此时：
$$P_E(t)=0; \quad P_{batt}=P_{req} \tag{5-9}$$

模式2：CD-H 驱动模式，判断条件是：0.2≤SOC≤0.4，此时：
$$\begin{cases} P_E = \begin{cases} 0, & P_{req} < P_L \\ P_{req}, & P_L \leqslant P_{req} < P_H \\ P_\sigma, & P_{req} \geqslant P_H \end{cases} \\ P_{batt} = P_{req} - P_E \end{cases} \tag{5-10}$$

模式3：CS 驱动模式，判断条件是：SOC<0.2，此时：
$$\begin{cases} P_E = \max\{0, P_{req}\} \\ P_{batt} = P_{req} - P_E \end{cases} \tag{5-11}$$

5.2.2 粒子群优化算法的实施步骤

在所建立的控制策略中，有几个参数是对控制效果有直接影响的，即 P_L、P_H 和 P_σ，这些参数通常是根据经验来确定，而 PSO 算法的作用则是为这些算法参数的最优化调整提供一种手段，结合前述 PSO 算法的基本原理，这里将 PSO 粒子的位置定义为控制策略中的待优化参数，即

$$\bm{X}(k) = [P_L(k), P_H(k), P_\sigma(k)]^T \tag{5-12}$$

算法运行过程即为逐步调整粒子的速度和位置使粒子收敛到全局最优解，对于任意粒子(第 i 个粒子)，位置和速度的迭代如下：

$$\begin{aligned} \bm{X}^i(k+1) &= \begin{bmatrix} P_L^i(k+1) \\ P_H^i(k+1) \\ P_\sigma^i(k+1) \end{bmatrix} = \bm{X}^i(k) + \bm{V}^i(k) \\ &= \begin{bmatrix} P_L^i(k) \\ P_H^i(k) \\ P_\sigma^i(k) \end{bmatrix} + \begin{bmatrix} v_L^i(k) \\ v_H^i(k) \\ v_\sigma^i(k) \end{bmatrix} \end{aligned} \tag{5-13}$$

$$\bm{V}^i(k+1) = w\bm{V}^i(k) + c_1 r_1 (\bm{p}^i(k) - \bm{X}^i(k)) + c_2 r_2 (\bm{g}^i(k) - \bm{X}^i(k)) \tag{5-14}$$

两个最佳位置如下所述计算，这里采用局部邻域来计算群体最优，γ 的范围定义了每个粒子的邻域边界，如下所示

$$\begin{cases} \bm{p}^i(k) = |\bm{X}^i(\varepsilon^*)| \{J(\bm{X}^i(\varepsilon^*)) \leqslant J(\bm{X}^i(\varepsilon))\}, & \forall \varepsilon \in [1,k] \\ \bm{g}^i(k) = |\bm{X}^j(k)| \{J(\bm{X}^j(k)) \leqslant J(\bm{X}^\gamma(k))\}, & \forall \gamma \in [i-\lambda, i+\lambda] \end{cases} \tag{5-15}$$

式中，λ 为定义邻域范围的索引编号。

算法的具体执行过程如表 5-1 所示。

表 5-1 PSO 算法执行步骤

1. 算法初始化
在优化过程之前设置 5 个初始条件如下：
1) 粒子群的规模：$M=60$；
2) 各粒子的边界条件：$P_L \in [0\ 20], P_H \in [15\ 55], P_\sigma \in [20\ 60]$；
3) 邻域范围：$\lambda = 20$；
4) 初始化粒子位置：随机分布，初始化粒子速度＝0；
5) 最大迭代次数：$N=100$；粒子的边界是根据发动机特性设定的。本文采用最大迭代次数作为优化的结束条件。

2. 初次迭代
将每个粒子的位置直接记录为其历史最佳位置，并对每个粒子计算适应度函数，具体方式是将参数代入控制策略，在给定的工况下执行控制策略，根据式(5-7)计算适应度函数，通过式(5-14)确定的最佳位置，根据位置更新公式和速度更新公式执行第一次迭代。

3. 迭代过程
基于初始条件和第一个迭代步骤，迭代从第二个迭代步骤开始。在每个迭代步骤 k 处，计算每个粒子的位置和速度并确定个人历史最优位置和群体最优位置。在每一步迭代中使用前面描述的模型来计算粒子的评价指标。

4. 结束优化
当迭代次数达到其最大值 N 时，优化过程结束。最后一步的最佳粒子位置表示最优控制参数，可由下式确定：
$$X^* = [P_L^*, P_H^*, P_\sigma^*]^T = G^*(N) \mid \{J(G^*(N)) = \min[J(G^i(N))]\}, \quad \forall i \in [1, M]$$

5.3 仿真结果

在 MATLAB/Simulink 环境下进行仿真分析，对于任何给定的行驶工况，通过 PSO 算法可以获得 3 个控制参数的一组最优值，需要注意的是，对于不同的行驶工况、不同的行驶里程，PSO 的优化结果是变化的。为了说明这个问题，这里给出六组典型城市行驶工况下得到的优化结果，图 5-1 所示为六种行驶工况的速度曲线，平均速度由 30～80km/h 变化不等，这些行驶工况的基本特性见表 5-2。基于 PSO 算法的能量管理策略在不同的行驶距离下对每个行驶工况进行了优化，结果如图 5-2 所示。从图中可以看出，行驶速度以及行驶距离对最优控制参数均有影响，也就是说，最优控制律对车辆行驶特征具有显著依赖性，在不同行驶工况和不同行驶距离下的优化结果可以用来确定实际运行时的插电式混合动力汽车能量管理策略中的最优控制参数，当行驶距离较短时，最优结果的差异不明显，不太需要考虑行驶工况对控制结果的影响，但是随着行驶里程的增加，则需要进行行驶工况识别算法和动态参数设计。

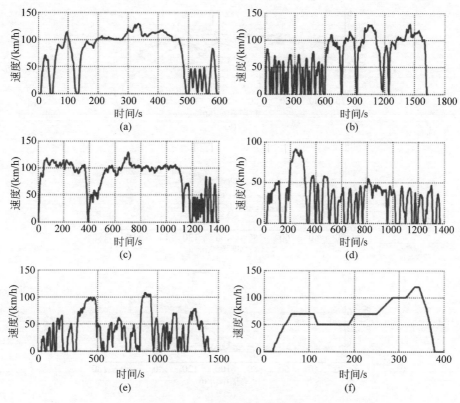

图 5-1 典型城市行驶工况

(a) US06；(b) ARB02；(c) REP05；(d) UDDS；(e) LA92；(f) EUDC

表 5-2 行驶工况的基本特性

行 驶 工 况	距离/km	最大速度/(km/h)	平均速度/(km/h)
US06	12.88	129.2	77.05
ARB02	31.90	129.2	69.98
REP05	32.25	129.2	82.80
UDDS	11.99	91.23	31.48
LA92	15.79	108.12	39.57
EUDC	6.95	119.97	62.27

在确定了最优参数后，在 MATLAB 中进行仿真中可以运行所建立的能量管理策略，这里仅给出 US06 和 UDDS 两种行驶工况下的仿真结果（分别代表高、低功率需求行驶工况），功率分配结果如图 5-3 所示。随着行驶里程的增加，在行程初始阶段，CD-E 模式被采用，电池组提供所需的全部功率，当 SOC 低于门限之后，PSO 算法开始进行阈值参数的优化。在车辆实际运行时，可以在多套参数之间进行动态调整以提高算法的适用性（简称动态参数），

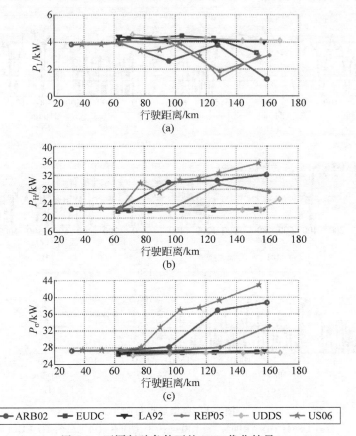

图 5-2 不同行驶条件下的 PSO 优化结果

也可以直接选择一套离线优化完成的算法参数用于在线运行(简称固定参数),忽略工况波动对其影响,为了表明两种参数的差异,表 5-3 与表 5-4 分别给出了仅采用固定离线优化和动态调整最优参数的对比结果(单位:元)。参数的动态调整方法描述如下:根据车辆行驶距离与工况特征(平均速度、加速度),采用图 5-2 中离线优化所得到的参数结果进行差值,实时更新控制参数。从结果可以看出:与固定参数的控制策略相比,采用了动态参数的控制系统的能耗会进一步有所下降,且随着行驶里程的加长,由于参数动态调整所获得的能耗下降程度逐渐增大;但是对于需求功率较小的行驶工况,参数动态化带来的影响十分微小。因此,在实际控制时采用固定离线参数还是自适应动态参数需要具体分析,对于长途行驶、负载功率较大的车辆情况而言采用最优参数的动态调整对于提升控制效果意义显著,但是如果车辆应用特点为短途、低速运行,就没有必要采用自适应动态参数,直接采用 PSO 离线优化所得到控制律即可实现近优的控制效果。

第 5 章 能量管理策略的粒子群优化方法

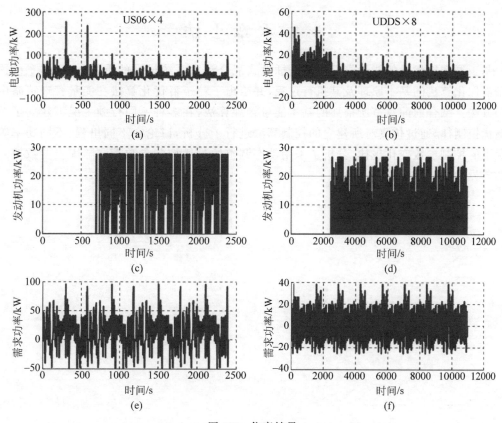

图 5-3 仿真结果
(a) US06 电池功率；(b) US06 发动机功率；(c) US06 需求功率；
(d) UDDS 电池功率；(e) UDDS 发动机功率；(f) UDDS 需求功率

表 5-3 US06 行驶工况下的能耗成本对比

工况条件	US06×6	US06×8	US06×10	US06×12
固定参数的策略	40.95	57.32	73.70	90.08
变化参数的策略	40.89	56.78	72.77	89.03
差值/%	0.15	0.94	1.26	1.17

表 5-4 UDDS 行驶工况下的能耗成本对比

工况条件	UDDS×10	UDDS×12	UDDS×14	UDDS×16
固定参数的策略	39.4	48.39	57.39	66.41
变化参数的策略	39.38	48.37	57.37	66.34
差值/%	0.05	0.04	0.03	0.11

5.4 本章小结

基于群智能优化的能量管理策略是插电式混合动力系统设计的重要方法,本章讲述了粒子群优化算法的基本原理及其执行过程,并给出了粒子群优化算法在能量管理策略中的应用方法。结合前面章节所描述的基本能量管理算法,在多种不同行驶工况下建立了粒子群最优控制律,通过仿真对所建立的控制算法进行了分析,讨论在不同里程、不同功率等级情况下的控制参数变化规律,分析了采用动态调整的最优控制参数策略与固定参数控制策略的差异性。

第6章 考虑能源价格波动的模拟退火粒子群能量管理策略

本章首先介绍模拟退火(SA)算法的基本原理及其与粒子群优化(PSO)算法的融合方法,建立一种考虑价格波动的插电式混合动力汽车能量管理策略。前文中为了便于计算均是基于固定的油价与电价来设计控制策略,但是实际情况中电价与油价是波动的,本章所建立的能量管理策略综合考虑了电价与油价等能源价格成本的波动规律。

6.1 模拟退火算法原理及其与粒子群优化算法的融合方法

6.1.1 模拟退火算法基本原理

SA 算法的提出是仿效金属退火的过程,属于一种基于概率的启发式随机搜索算法。退火过程在物理上是指将金属加热到一定温度并在该温度下保持足够的时间,然后缓慢冷却的一种金属热处理工艺。金属物体在高温下内能很高、内部粒子处于快速无序运动,随着温度缓慢降低,金属内能减小、内部分子趋于有序排列为结晶状态,而这种排列结构使得整个系统处于最小能量状态。SA 算法则是模拟上述过程的一种寻优算法,其中设置有一个虚拟的温度 T,该温度随着算法运行而逐渐降低,另外还有一个仿效内能的能量状态 E,该状态对应着优化问题中的目标函数。SA 算法的执行过程可以视为随着温度 T 降低,在寻优空间内随机搜索使 E 达到全局最小的最优控制律,这个过程与其他搜索寻优算法类似,都是遵从"搜索(产生新解)→计算目标函数→接受/舍弃"的思想,其特点在于,在确定接受/舍弃的过程中并非单一地接受更优解,而是有一定概率接受比当前解差的解。通过这个过程可以使算法跳出局部最优,实现对全局最优解的有效搜索,而这个"接受差解"的概率,随着温度 T 的下降逐渐减小,这样使得算法在初期具有更多样化的搜索能力而在后期则实现对最优解的逼近。具体过程是基于 Metropolis 准则来实现,Metropolis 准则是 SA 算法中决定是否接受新解的准则,在任意温度 T,按照以下概率来接受当前能量状态和新能量状态:

$$p = \begin{cases} 1, & E_2 < E_1 \\ \exp\left(-\dfrac{E_2 - E_1}{T}\right), & E_2 \geqslant E_1 \end{cases} \tag{6-1}$$

式中,E_1 为当前解的能量状态,即当前解所对应的优化问题目标函数;E_2 为新解的能量状态。这里的寻优问题写为最小化问题,即目标函数越小越优,如果 E_2 小于当前状态 E_1,则 SA 算法接收新能量状态,如果新的能量状态 E_2 大于当前能量状态 E_1(即更差),则 SA 算法以 $\exp(-\Delta E/T)$ 的概率接受。

随着算法的运行,温度 T 逐渐下降,这个过程通常用温度衰退函数来表达:

$$T(t+1) = \alpha T(t) \tag{6-2}$$

式中,α 为衰退速率,是一个接近但小于 1 的常数。

与 PSO 算法相比较,SA 算法不需要使用多个寻优个体,只需要一个点即可,它产生新解的方式是在现有解的基础上加入小的随机改变来实现,对于每一个新解计算目标函数并按照式(6-1)确定是否接受,然后进行下一次迭代。SA 算法是一个双层循环,内层是迭代次数的增加,外层是温度的下降,每当迭代次数达到设定的上限 L 时,温度 T 根据式(6-2)进行一次衰退。SA 算法的流程图如图 6-1 所示。如上所述,SA 算法关键在于收敛过程设计

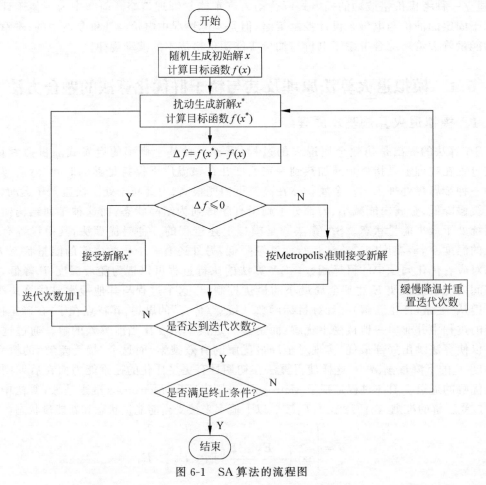

图 6-1 SA 算法的流程图

了一个可以接受较差解的概率,因此算法跳出局部最优解的概率很大,初始温度和温度衰退速率对算法性能的影响很大,高的初始温度会使算法在初期接受差解的概率很大,从而提高全局搜索能力,理论上初始温度越高,算法收敛到全局最优解的概率越高,而温度衰退系数也会影响寻优效果,温度缓慢下降也有利于充分搜索空间中的全局最优解。但是,过高的初始温度和过慢的温度衰退速率也会显著降低算法的寻优效率,导致大量的无效搜索。SA算法步骤见表 6-1。

表 6-1 模拟退火算法的步骤

第一步:初始化参数

设置初始温度 T_0,结束温度 T_{end}、温度衰退速率 α(通常选择与接近 1 的数值,此处取 0.98)、每个温度下的迭代次数 L 和随机的初始解 x_0。

第二步:内循环

对任意给定的温度 T,算法开始执行内循环,即在某一温度下重复迭代 L 次。以初次迭代为例,具体变换过程如下:

1) 对当前解 x_0 附近进行扰动或者变换生成新解 x_1;
2) 计算 $\Delta f = f(x_1) - f(x_0)$,根据 Metropolis 准则确定是否接受当前解 x_1 为新解;
3) 计算新解和最优解的适应度值,更新最优解;
4) 重复内循环的第 1)~3) 步,并判断是否达到内循环迭代次数,如满足则进入下一步外循环。

第三步:外循环

判断是否满足算法退出条件,如果满足进入第四步,如果不满足则根据温度衰退函数(式(6-2))进行一次降温,并再次进入第二步。

第四步:结束

随着外循环次数的不断增加,温度逐渐降低,最优解的精度逐渐提高,当温度 T 低于设定的结束温度 T_{end} 时,或者精度高于设定的最优解精度时,算法结束运行,输出最优解等参数。

6.1.2 模拟退火粒子群优化算法

SA 算法具有很好的跳出局部最优点的运算机制,但是在复杂优化问题中寻优效率较低,需要耗费大量的运算资源和时间,因此 SA 算法常常与 PSO 算法相互融合,在 PSO 算法的基础上加入模拟退火思想,形成模拟退火粒子群优化(SA-PSO)算法。引入 SA 算法中的概率接受的思想,即 Metropolis 准则,SA-PSO 算法不仅具备 PSO 算法前期收敛性快,易操作,无需修改大量参数等优点,又具有 SA 算法的跳突性,使得算法不易陷入局部最优解,算法流程如图 6-2 所示,算法步骤如表 6-2 所示。

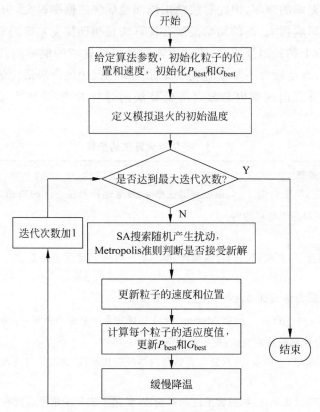

图 6-2 模拟退火粒子群优化算法流程图

表 6-2 模拟退火粒子群优化算法的步骤

第一步：初始化参数

初始化粒子种群规模 S，初始化空间的维度 D，设置加速常数 c_1 和 c_2，初始化粒子的边界，初始化最大迭代次数 $N_{\max}$，初始化粒子的位置和速度。

第二步：适应度函数的计算和初始温度确定

根据第一步初始化的粒子速度和位置，计算各个粒子的适应度函数，得到粒子的历史最优位置。根据粒子的最优位置计算初始温度 $T_0 = \text{fitness}(P_g)/\log(5)$。

第三步：初次迭代和模拟退火思想的引入

在更新个体最优位置和粒子全局最优位置时将模拟退火思想引入，模拟退火算法的核心思想是指在 Metropolis 抽样准则下，在全局最优解的位置附近引入一些随机次优位置，这些位置按照准则概率接受，如式(6-3)所示，以增加粒子群在优化过程中的多样性搜索，使得粒子群算法能够跳出局部最优解。

$$p = \begin{cases} 1, & P_{g\text{SA}} < P_g \\ \exp\left(-\dfrac{P_{g\text{SA}} - P_g}{T}\right), & P_{g\text{SA}} \geqslant P_g \end{cases} \tag{6-3}$$

式中，$P_{g\text{SA}}$ 代表在最优点附近随机生成的次优点的适应度值；P_g 为全局最优点的适应度值。

然后对经过模拟退火算法中 Metropolis 抽样准则选择后的全局最优点或者全局最优点附近的"次优点"进行速度和位置的更新,速度和位置的更新如下:

$$x_i^{k+1} = x_i^k + v_i^{k+1} \tag{6-4}$$

$$v_i^{k+1} = w^k v_i^k + c_1 r_1 (P_i^k - x_i^k) + c_2 r_2 (P_{gSA}^k - x_i^k) \tag{6-5}$$

粒子的速度和位置经过更新后,算法再次对更新后的粒子进行适应度函数的计算,从而更新个体极值和全局极值,给下一次迭代做好准备。

第四步:结束优化

当迭代次数达到预先设定的最大迭代次数时,优化结束,记录并输出最优粒子位置等参数信息。

6.2 能源价格波动统计分析

插电式混合动力汽车能量管理策略优化目标与电价和油价是直接相关的。在能量管理策略中之所以优先采用电力,除了洁净、环保之外还有一个重要的原因就是电的成本更低,目前大部分能量管理策略设计都是假设一个固定的电价和油价,而实际情况下,不同时间段、不同地区之间的电价和油价都是有波动的,这种波动虽然不会改变用电成本低的事实,在一定程度上会影响功率分配时的最优控制律。因此,接下来基于 SA-PSO 算法给出一种考虑能源价格波动的能量管理策略优化设计应用实例,本节首先给出中国部分大城市的电价和燃油价格统计分析,然后在下一节中介绍能量管理策略具体设计方法。

6.2.1 电价波动统计

国家电网根据用户用电的性质,将用电主要分为四大类,分别为居民用电、工商业用电、大工业用电和农业生产用电,不同地区的分类可能有所差异,有些城市还划分出了非居民照明用电、农业排灌用电等。插电式混合动力汽车的用户对车辆进行充电时,最可能涉及到的用电类型为居民用电和工商业用电,因此这里主要讨论居民用电和工商业用电这两种用电类型。首先针对中国 10 个典型城市电价的波动情况,统计电价浮动范围,我国电力的来源主要由火电、水电、风电、核电等组成。据国家能源局 2019 年统计,在中国,火力发电、水力发电、风力发电和核能发电中火力发电所生产的电量占全部生产电量的 67.88%,如表 6-3 所示。脱硫煤电价又称燃煤机组标杆上网电价,是煤电企业卖给电网公司的电价。34 个城市或地区的脱硫煤基准电价如图 6-3 所示,脱硫煤电价最高为 0.49 元/kW·h,最低为 0.28 元/kW·h,此时的电价相差不是很大,但是当电网公司向外输出电力时,成本受到输电损耗、政府资金和企业利润等方面的影响,会导致不同地区、不同时段的电价产生波动,特别是在用电高峰期和低谷期,电力的价格可能相差几倍。峰谷电价也被称为"分时电价",在用电单位用电集中,供电比较紧张的时间段内,电价的收费标准比较高,在夜间等用电较少的时间段内,电价的收费标准比较低。由于峰谷电价制度的存在使得一些用电单位可以避开用电高峰期,从而更加合理地利用电能,因此目前很多国家也在使用这种计价方式以充分利用电能,目前国内很多城市也在试行这种制度。北京、上海、广州、深圳、南京、杭州、天津、合肥、武汉、沈阳等10个典型的中国城市的居民用电和工商业用电的峰谷电价的统计结果如图6-4所示。

表6-3 2019年1—6月全国电力统计

发 电 类 型	发电容量/MW	占比/%
火电	1155470	67.88
水电	307950	18.09
风电	192690	11.32
核电	192690	2.69

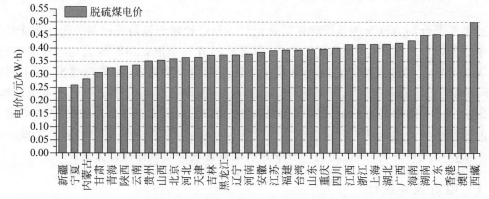

图6-3 全国34个城市/地区脱硫煤电价

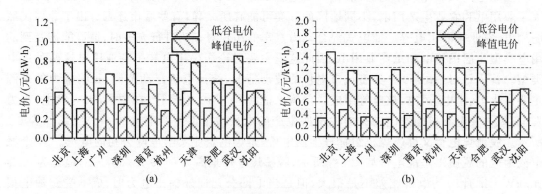

图6-4 典型城市电价统计数据
(a)居民用电;(b)工商业用电

通过图6-4可知,除沈阳的居民用电和工商业用电的峰谷电价波动较小以外,其余各城市的峰值电价和低谷电价的差异都比较大。例如,广州市居民用电在用电高峰期时能够达到 1.01 元/kW·h,在用电低谷期的电价为 0.29 元/kW·h。广州的工商业用电在用电高峰期为 1.054 元/kW·h,在用电低谷期的电价为 0.338 元/kW·h。居民用电和工商业用电的峰值电价和低谷电价在一天内会变化多次,以上海、杭州、天津和深圳等 4 个城市为例,一天之内的峰值和低谷的电价波动情况如图 6-5 所示。其中上海和杭州一天内峰值电价和低谷电价波动 3 次,而天津和深圳一天内峰值电价和低谷电价波动 6 次。根据上述统计的电价的波动数据,10 个典型城市的峰值电价和低谷电价之间的差值如表 6-4 所示。从表中可看出居民用电的峰值电价和低谷电价之间最大的差值能够达到 0.75 元/kW·h,工商业用电的峰值电价和低谷电价之间最大的差值能够达到 1.20 元/kW·h。由于两种类型的电价在不同城市和不同时间段内的分布存在剧烈波动,且电价是构成能量管理策略中目标函数的重要成本之一,因此必须考虑这种波动差异,根据不同地区和不同时间段内的电价对控制算法进行合理的调整。尤其对于峰谷电价相差较大的城市,必须根据实时的电价调整能量管理策略中的控制参数以达到最优效果。

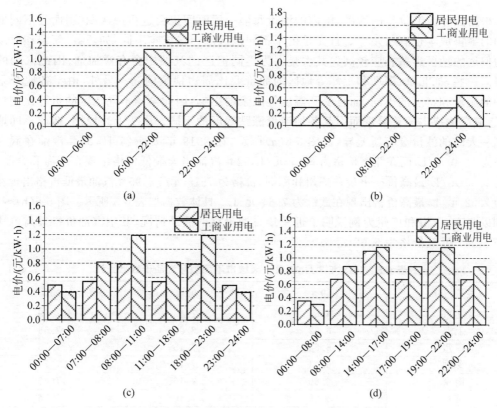

图 6-5 居民用电和工商业用电电价在一天内的波动情况
(a) 上海;(b) 杭州;(c) 天津;(d) 深圳

表 6-4 不同城市的峰值电价和低谷电价之间的差值　　　　元/kW·h

城　市	居民用电	工商业用电
北京	0.31	1.20
上海	0.67	0.67
广州	0.15	0.71
深圳	0.75	0.68
南京	0.20	1.02
杭州	0.58	0.88
天津	0.30	0.80
合肥	0.28	0.81
武汉	0.30	0.14
沈阳	0.01	0.02

6.2.2　燃油价格波动统计

根据国际原油价格的涨跌,国内的油价每隔一段时间也会进行一次调整,而且不同地区汽油的零售成本也有所差异。首先是由于不同地区的运输成本不同,如西藏、新疆和海南等较为偏远的地区运费相应较高。其次是因为不同地区的汽油中含有添加剂,因此汽油的成本要高一些,如北京、深圳和上海等地区的油价要比周边地区的高。另外,由于各地开采的燃油的质量和密度的不同,而且受到温度等因素的影响,因此全国不同地区的折算比例也不同,造成汽油成本的差异进而引起各地油价涨跌幅度的不同。由于上述原因,造成不同地区在同一天内的油价会有所差异,如图 6-6(a)所示,在 2019 年 7 月 21 日,89♯汽油在武汉的价格为 5.50 元/L,而在北京价格为 6.67 元/L,92♯汽油当天最低价格出现在上海和合肥,价格为 7.09 元/L,最高价格出现在广州和深圳,价格为 7.15 元/L。95♯汽油最低价格出现在天津为 7.52 元/L,最高价格出现在武汉为 7.64 元/L。具体数据如表 6-5 所示。图 6-6(b)~(d)分别以北京、上海和广州为例说明了近三年燃油价格的波动情况,其中汽油价格最高可达到 8.67 元/L,最低价格为 5.62 元/L。

表 6-5　2019 年 7 月 21 日十大城市不同型号汽油价数据统计　　　　元/L

城　市	89♯	92♯	95♯
北京	6.67	7.13	7.59
上海	6.62	7.09	7.55
广州	6.64	7.15	7.75
深圳	6.64	7.15	7.75
南京	6.66	7.10	7.56
杭州	6.59	7.10	7.56
天津	6.60	7.12	7.52
合肥	6.64	7.09	7.60
武汉	5.50	7.14	7.64
沈阳	5.52	7.10	7.57

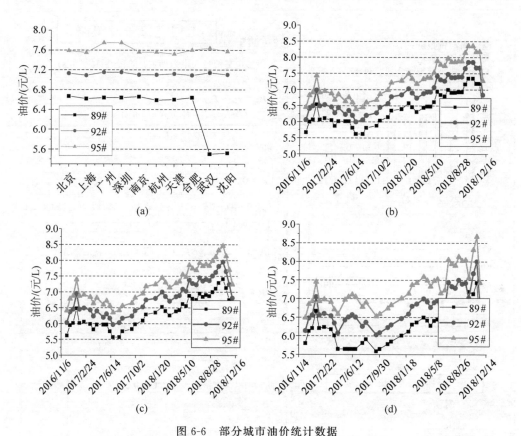

图 6-6 部分城市油价统计数据

(a) 一天中不同地区油价差异;(b) 近三年北京油价;(c) 近三年上海油价;(d) 近三年广州油价

6.3 考虑价格波动的能量管理策略设计

6.3.1 基于模拟退火粒子群算法的能量管理策略

基于上述统计分析,本节结合所介绍的 SA-PSO 算法进行混联式插电式混合动力汽车的能量管理策略设计。车辆的系统结构在第 4 章已有详细论述,此处不再赘述。能量管理策略设计流程如图 6-7 所示,根据电池 SOC 划分为 3 个阶段,其中的电荷消耗-混合驱动模式包含复杂的控制关系,在这个模式下,需要根据负载需求来启动混联式工作模式,如果系统需求功率较小,仍然可以选取纯电力模式,但是当需求功率或者力矩高于上限时,发挥混联式混合动力系统的优势共同驱动,算法具体描述如下:

(1) 纯电力模式(切换条件:$0 < T_{req} \leqslant T_{M2-max}$ 且 $0 < P_{req} \leqslant X_1$)。

当需求功率小于门限值 X_1 且需求转矩小于驱动电机 M2 的最大限制转矩时,仅由电

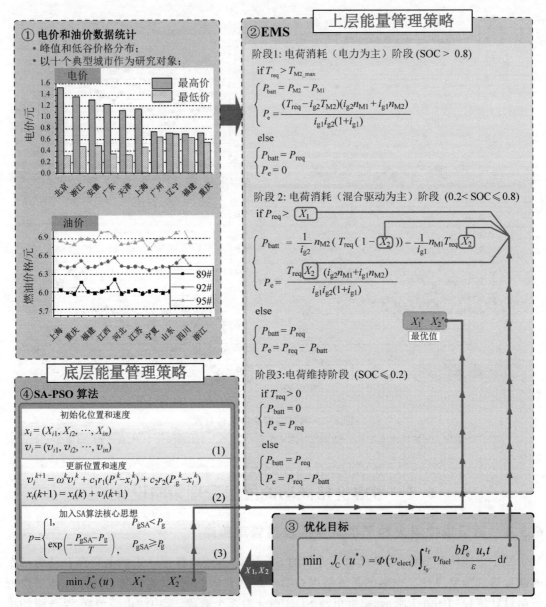

图 6-7 基于模拟退火粒子群优化算法的能量管理策略流程图

机 M2 驱动,电池提供满足需求的全部动力。

(2) 混联驱动模式(切换条件:$P_{req} > X_1$ 或 $T_{req} > T_{M2\text{-}max}$)。

在混联模式下,发动机和发电机同时工作,负载转矩根据转矩分配系数 X_2 在两个行星齿轮之间分配,由于行星轮 1 中的中心轮、行星架和齿圈三者之间的转矩成比例,为了使发动机能够工作在最优曲线上,此处电机 M1 可以调节行星齿轮 1 中太阳轮和行星架的转速,而且可以保证齿圈转速不受影响。

控制策略中的参数 X_1 与 X_2 需要通过 SA-PSO 算法进行优化,参数 X_1 是纯电驱动模式(模式 1)和混联驱动模式(模式 2)的模式分界参数,参数 X_2 在混联驱动模式里,用来分配发动机和电池功率在总需求功率中占的比例。首先在双排行星轮转矩耦合处,利用关键优化参数 X_2(转矩分配参数)对两个行星轮的齿圈处转矩进行分配,可表示为

$$T_{g2} = (1 - X_2) T_{req} \tag{6-6}$$

$$T_{g1} = X_2 \cdot T_{req} \tag{6-7}$$

$$T_e = \frac{1 + i_{g1}}{i_{g1}} \cdot X_2 \cdot T_{req} \tag{6-8}$$

$$T_{m1} = \frac{1}{i_{g1}} \cdot X_2 \cdot T_{req} \tag{6-9}$$

行星齿轮 1 中电机 M1 与中心轮相连,发动机与行星架相连,n_{out} 是齿圈处的转速,行星齿轮 1 和 2 中各部件间转速的关系如下:

$$n_{M1} = (1 + i_{g1}) n_e - i_{g1} n_{out} \tag{6-10}$$

$$n_{M2} = i_{g2} n_{out} \tag{6-11}$$

此时驱动系统各个部件间功率分配可表示为

$$P_{M1} = \frac{n_{M1} T_{M1}}{9550} = \frac{[(1 + i_{g1}) n_e - i_{g1} n_{out}] T_{req} X_2}{9550 i_{g1}} \tag{6-12}$$

$$P_{M2} = \frac{n_{M2} T_{M2}}{9550} = \frac{i_{g2} n_{out} (1 - X_2) T_{req}}{9550} \tag{6-13}$$

$$P_b = \frac{i_{g2} n_{out} (1 - X_2) T_{req}}{9550} - \frac{[(1 + i_{g1}) n_e - i_{g1} n_{out}] T_{req} X_2}{9550 i_{g1}} \tag{6-14}$$

$$P_e = \frac{T_{req} X_2 (i_{g2} n_{M1} + i_{g1} n_{M2})}{i_{g1} i_{g2} (1 + i_{g1})} \tag{6-15}$$

基于 SA-PSO 算法进行能量管理策略的优化,优化变量为参数 X_1 和 X_2,优化目标是选择最合理的 X_1 与 X_2 使得系统整体能量消耗的价格成本最低。根据前面的描述,插电式混合动力汽车的能耗成本与油、电的价格相关,因此这里考虑实时的价格波动,车端控制器通过云端数据或者充电桩信息获得当前所在地的实时电价和油价,作为实时控制策略的依据,进而使用 SA-PSO 算法,以能耗最优为目标,得到最优的 X_1 和 X_2,作为模式划分的阈值和功率分配的阈值。

优化问题的具体表达式如下:

$$\min J_C(u^*) = \Phi(v_{elect}) + \int_{t_0}^{t_f} v_{fuel} \frac{b P_e(u,t)}{\varepsilon} dt \tag{6-16}$$

$$\Phi(v_{elect}) = v_{elect} (SOC_{init} - SOC_f) Q_b U \tag{6-17}$$

式中，v_{fuel} 是车辆补充燃油时实际的燃油价格；v_{elect} 是车辆补充电能时实际的外部电网电价；b 是发动机在最优工作曲线上的燃油消耗率；ε 是燃油的密度；t_0 是车辆运行的起始时间；t_f 代表车辆运行的终止时间；SOC_0 是车辆运行时的初始电池荷电状态；SOC_f 是车辆运行终止时电池的荷电状态；Q_b 是指电池的容量；U 代表电池电压。

优化变量表示为 $u = [X_1 \ X_2]$。经过 SA-PSO 算法优化后，得到最优变量 X_1^* 和 X_2^*，可表示为 $u = [X_1^* \ X_2^*]$。同时，优化变量需要满足以下约束：

$$\text{s.t.} \begin{cases} 0 \leqslant X_1 \leqslant P_{batt,max} \\ 0 \leqslant X_2 \leqslant 1 \\ P_{e,min} \leqslant P_e(t) \leqslant P_{e,max} \\ SOC_{min} \leqslant SOC(t) \leqslant SOC_{max} \\ P_{batt,min} \leqslant P_{batt}(t) \leqslant P_{batt,max} \end{cases} \quad (6-18)$$

式中，SOC_{max} 和 SOC_{min} 分别代表电池荷电状态的最大值和最小值，即 1 和 0；$P_{batt,min}$ 是指电池组所能提供的最小功率，$P_{batt,max}$ 是指电池组所能提供的最大功率；$P_{e,min}$ 是指发动机所能提供的最小功率，$P_{e,max}$ 是指发动机所能提供的最大功率。

6.3.2 参数优化结果

根据前面的价格数据统计，油价可能从 5.5 元/L 变为 8 元/L，电价可能从 0.2 元/kW·h 变为 1.3 元/kW·h。电价数据跨度较大，所以本章将电价分为 3 个价格区间，为了能够更加清晰地展现仿真结果，本章采用电价范围为 0.2 元/kW·h 到 1.3 元/kW·h，该范围涵盖了电价的低价区、平价区和高价区。由于车辆在实际运行过程中，实际的电价和油价可能会同时发生变化而对能量管理产生影响。在此，我们建议把电价和油价对能量管理策略的影响进行联合分析。在不同电价和不同油价下的最优控制参数所组成的影响曲面如图 6-8 所示，根据价格影响曲面可知：

(1) 当电价处于低电价区波动时，即使油价变化，最优控制参数 X_1 和 X_2 也保持不变，体现在价格影响曲面上为一个平面。可以得出结论，如果电价相对较低，无论是电价还是油价的波动都不会对控制策略产生影响。

(2) 电价超过界限后，随着电价的上涨，最优控制参数 X_1 急剧下降，X_2 急剧上升。同时，油价上涨对最优控制参数 X_1 和 X_2 的影响相反。可以注意到，当电价增加到一定程度，引起最优控制参数变化的界限会受到燃油价格波动的轻微影响，也即油价较高时，引起最优控制参数变化的电价的界限越高。

(3) 这里提供了三种不同行驶距离下的价格影响曲面(图 6-8)，显然，行驶距离并不会改变电价和油价对最优控制策略的影响关系，但是距离增加会导致价格影响曲面的平移。

第 6 章　考虑能源价格波动的模拟退火粒子群能量管理策略

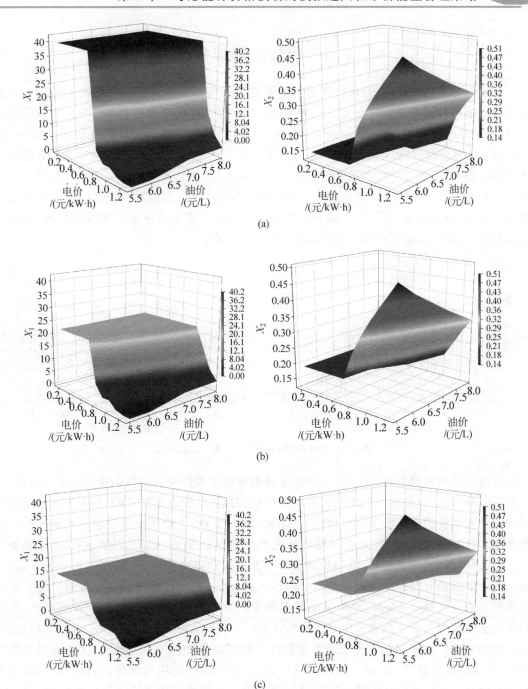

图 6-8　考虑价格波动的控制参数优化结果
(a) 50km 条件下随价格波动的参数优化结果；(b) 64km 条件下随价格波动的参数优化结果；
(c) 77km 条件下随价格波动的参数优化结果

6.4 仿真结果与分析

从前面的电价统计可知，居民用电的电价波动范围为 0.28~1.1 元/kW·h 左右，工商业用电的电价范围为 0.32~1.4 元/kW·h 左右。这里将电价划分为 3 个区间：①低电价区间，电价范围设置为 0.2~0.5 元/kW·h；②平电价区间，电价范围设置为 0.5~1.0 元/kW·h；③高电价区间，电价范围设置为大于 1.0 元/kW·h。为了研究电价波动对能量管理策略的影响，所设置的电价波动范围涉及 3 个电价区间，电价从 0.2 元/kW·h 的低电价逐渐增加到 1.3 元/kW·h 的高电价。假设燃油的价格固定，设置为 7 元/L，行驶距离为固定值 64km。在固定燃油价格下，研究电价波动对能量管理策略中最优参数的影响，通过对仿真结果进行统计，最优控制参数的结果如图 6-9 所示。

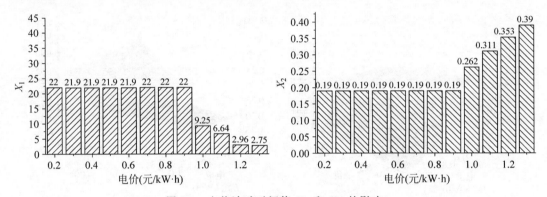

图 6-9 电价波动对阈值 X_1 和 X_2 的影响

从仿真结果可以看出，电价波动对能量管理策略中最优参数的影响存在一个分界点，当电价不是很高时，电价在一定范围内波动对最优控制参数没有影响，即对能量管理策略没有影响。随着电价的逐渐增加，电价高于 0.9 元/kW·h 后，电价微小的波动会对最优控制参数产生非常显著的影响，因此可以得出结论当电价从较低的 0.2 元/kW·h，逐渐增加到 0.9 元/kW·h 时，在该范围内，电价的波动对能量管理策略没有影响，当电价继续升高时，此时随着电价的升高最优控制参数 X_1 的值逐渐降低，最优控制参数 X_2 逐渐降低。因为电价低于 0.9 元/kW·h 时，电价波动对能量管理策略没有影响，因此为了方便对比，这里只给出了电价为 0.9 元/kW·h、1.0 元/kW·h、1.1 元/kW·h 和 1.2 元/kW·h 的情况，发动机和电池的功率随电价波动的变化情况的仿真结果如图 6-10 所示。此时随着电价的升高，最优控制参数 X_1 逐渐下降，X_2 逐渐升高，发动机的使用量增加，电池的使用量逐渐减少。因此若在电价较高的情况下想要达到最优的能源经济性必须调整最优控制参数 X_1 和 X_2。

第 6 章 考虑能源价格波动的模拟退火粒子群能量管理策略

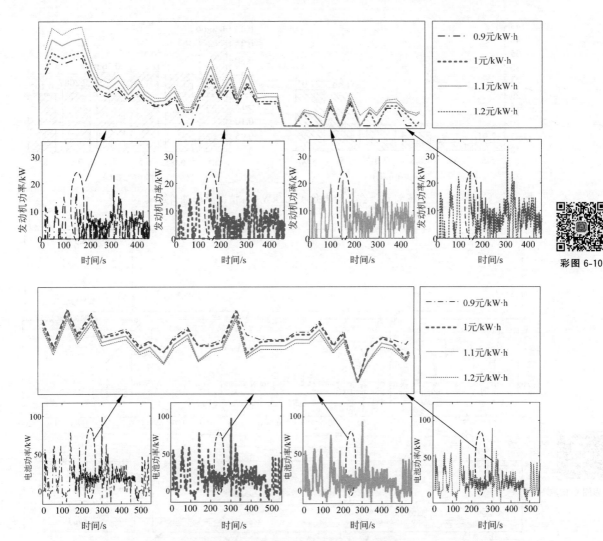

图 6-10 电价波动对发动机功率和电池功率的影响

为了分析油价对最优控制律的影响,将电价和路程设置为固定值。可以看出,当电价很低时,油价的波动对能量管理策略的影响就变得很小。在给定电价为 1 元/kW·h 的情况下,分析了油价的变化区间从 5.5 元/L 到 8 元/L 的结果,这个范围基本包含了现实生活中油价区间。结果如图 6-11 所示,随着油价的增加,最优控制参数 X_1 不断上升,X_2 逐渐下降,因此这里分别选择 5.5 元/L、6 元/L、7 元/L 和 8 元/L 的油价对能量管理策略的功率分配进行对比,结果如图 6-12 所示。显然,随着燃油价格的上涨,燃油价格的变化可能对控制参数产生很大的影响。根据实时价格动态调整能量管理策略的最优控制参数,是在实际驾驶条件下实现车辆能耗成本最小化的必要条件。

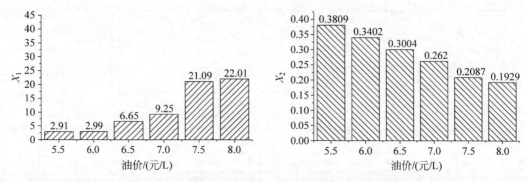

图 6-11 在固定电价 1 元/kW·h 情况下的油价影响

彩图 6-12

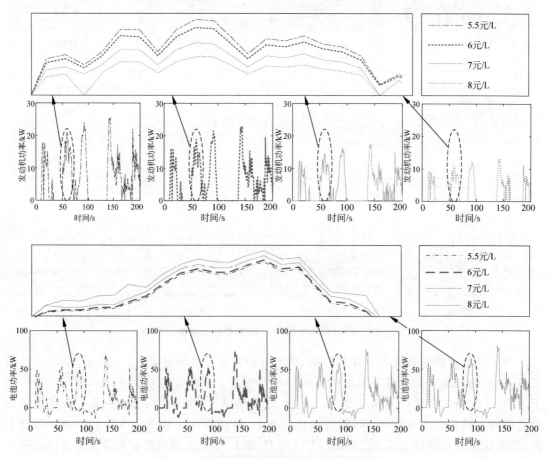

图 6-12 油价波动对管理策略功率分配影响

基于 SA-PSO 算法得到的油电价格影响曲面,可以形成一个随价格波动的自适应最优能量管理策略,为了评估这种改进带来的实际优势,采用一个基于固定价格(电价 0.7 元/kW·h,

第 6 章 考虑能源价格波动的模拟退火粒子群能量管理策略

油价 7 元/L)优化所得到的能量管理策略进行对比,两种策略采用完全相同的 SA-PSO 算法进行优化,差别仅在于是否让参数随电价、油价波动。假设实际电价和油价分别为 1.1 元/kW·h 和 7 元/L,这与基于固定价格的能量管理策略中使用的电价和油价不同,在 US06 工况下运行所得到的能耗成本仿真结果如图 6-13 所示。从图中可看出,考虑价格波动的自适应能量管理策略可以获得更好的控制性能,与固定价格的优化结果相比,总成本进一步降低了 2.95%,当实际价格波动幅度较大时,这个结果将会更加显著。表 6-6~表 6-8 给出了油价在 6~8 元/L 情况下、电价在 0.8~1.2 元/kW·h 区间范围内波动情况下的对比结果。可以看出,当电价升高时,考虑价格波动的自适应能量管理策略可以发挥更大的作用,但是油价上涨将抵消电价上涨带来的影响。当实际油价低于预定值,实际电价高于预定值时,基于 SA-PSO 算法所得到的考虑价格波动的自适应能量管理策略可以很大程度上提高经济性。

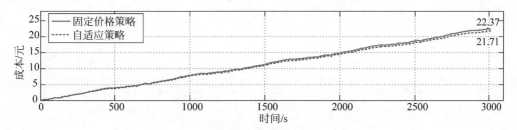

图 6-13 US06 工况下能耗成本仿真结果

表 6-6 固定油价 6 元/L 下成本仿真结果

实际电价/(元/kW·h)	0.8	0.9	1	1.1	1.2
固定电价策略/元	16.95	18.5	20.06	21.62	23.18
自适应策略/元	16.93	18.15	19.18	20.08	20.89
能耗降低/%	0.12	1.89	4.39	7.12	9.88

表 6-7 固定油价 7 元/L 下成本仿真结果

实际电价/(元/kW·h)	0.8	0.9	1	1.1	1.2
固定电价策略/元	17.7	19.25	20.81	22.37	23.93
自适应策略/元	17.7	19.24	20.61	21.71	22.69
能耗降低/%	0.00	0.05	0.96	2.95	5.18

表 6-8 固定油价 8 元/L 下成本仿真结果

实际电价/(元/kW·h)	0.8	0.9	1	1.1	1.2
固定电价策略/元	18.45	20	21.56	23.12	24.67
自适应策略/元	18.45	19.99	21.55	23.02	24.21
能耗降低/%	0	0	0	0.04	0.18

6.5 本章小结

本章介绍了模拟退火算法的基本原理,给出了模拟退火算法与粒子群优化算法的融合方法,进而建立了一种基于模拟退火粒子群优化算法的混联式混合动力汽车自适应能量管理策略,所设计的控制策略中考虑了电价和油价等能源价格波动的影响,基于我国 10 个典型城市电价和燃油价格的统计,分析并得到了价格波动对策略影响的量化结果和对最优控制参数的影响规律。结果表明,纳入价格波动的影响可以使能量管理策略在实际驾驶条件下更有效地获得最优的控制效果。

第 7 章 基于短时工况预测的粒子群优化能量管理策略

通常群智能优化算法都是离线运行的,但是如果可以具备对未来有限长度内的行驶工况的预测,则可以实现在一定时间范围内的在线优化。随着信息技术与机器学习方法的日益成熟,尤其对于行驶在固定路线上的公交车、摆渡车而言这是可行的。本章通过神经网络的车辆工况预测方法,建立一种小数据粒子群优化的混合动力汽车能量管理策略。

7.1 工况预测及能量管理策略

7.1.1 基于 BP 神经网络的工况预测方法

现有文献中关于工况预测的方法有很多,这里采用一种简单的基于 BP 神经网络的预测方法。BP 神经网络是一种前馈神经网络,其网络结构如图 7-1 所示。神经网络结构包括输入层、隐含层和输出层,$[x_1, x_2, \cdots, x_n]^T$ 代表输入向量,n 代表输入向量的维度,$[y_1,$

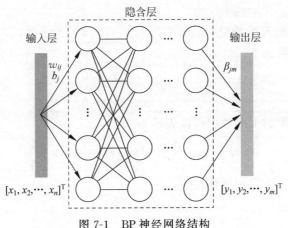

图 7-1 BP 神经网络结构

$y_2, \cdots, y_m]^T$ 代表输出向量，m 代表输出向量的维度，w_{ij} 和 b_j 分别是连接输入层和隐含层的权重和偏差，i 代表输入数据的编号，j 代表隐含层神经元的编号，β_{jm} 是连接隐含层和输出层的权重，m 代表输出数据的编号。BP 神经网络采用的是监督学习的训练方式，在训练过程中权重和偏差会根据训练数据朝着误差减小的方向不断调整。采用历史三秒的工况数据来预测未来一秒的工况，因此输入向量和输出向量分别为

$$\begin{cases} \boldsymbol{X} = [v_t, v_{t-1}, v_{t-2}]^T \\ \boldsymbol{Y} = v_{t+1} \end{cases} \tag{7-1}$$

将车辆行驶的历史数据集作为训练数据，并按照一定的比例划分为训练集、验证集和测试集(此处比例采用 70：15：15)，其中，训练集用来训练网络模型，验证集用来估计模型的预测误差，从而可以根据验证集的表现来调整模型的参数并选择最好的模型，测试集用于测试训练好的模型性能。不管是否借助于智能化交通信息系统，对于具有高度随机性的普通乘用车驾驶状态而言，想要在现阶段的技术水平下准确预测工况都是不可能实现的，但是对于摆渡车、公交车等反复运行于固定线路的车辆是有可能做到的，我们需要将足够多的历史数据进行网络训练，构建网络过程中还需要定义如表 7-1 所示参数。

表 7-1　BP 神经网络参数

参　数	隐含层层数	隐含层神经元数量	训练周期	目标误差	学习率
值	1	10	1000	10^{-3}	0.05

在训练过程中网络首先要随机初始化输入层和隐含层的网络权重 w 和偏差 b，及隐含层和输出层的权重 β，如下所示：

$$\boldsymbol{w} = \begin{bmatrix} w_{11}, w_{12}, \cdots, w_{1l} \\ w_{21}, w_{22}, \cdots, w_{2l} \\ w_{31}, w_{32}, \cdots, w_{3l} \end{bmatrix}, \quad \boldsymbol{b} = [b_1, b_2, \cdots, b_l]^T, \quad \boldsymbol{\beta} = [\beta_{11}, \beta_{21}, \cdots, \beta_{l1}]^T \tag{7-2}$$

式中，l 代表隐含层神经元的数量。

隐含层的激活函数如下：

$$f(x) = \begin{cases} 0, & x \leqslant 0 \\ x, & x > 0 \end{cases} \tag{7-3}$$

输出层预测的下一时刻的工况数据可以表示为

$$\boldsymbol{Y} = v_{t+1} = \left[\sum_{j=1}^{l} \beta_{j1} \sum_{i=1}^{3} f(w_{ij} v_i + b_j) \right] \tag{7-4}$$

然后采用最小二乘法拟合更新网络权重：

$$\min_{w, b, \beta} = \| \boldsymbol{Y} - \boldsymbol{Y}^* \| \tag{7-5}$$

式中，$\boldsymbol{Y}^*$ 代表真实的观测数据。

具体的预测方法描述如下：在网络训练完成后使用实际运行过程中当前时刻之前一定历史时间窗内的真实数据作为网络输入，网络输出则为下一秒的速度预测，这是一步，在完成预测之后再将预测所得的新数据加入时间窗与之前的真实数据一起作为输入数据，继续预测再下一秒，依次滚动则可以得到之后任意长度的一段预测结果。显然，即使网络的训练非常有效，一次性向后预测的步数越多，预测结果的可信度也会变得越差，表7-2给出了不同的预测步数下的均方根误差（RMSE），从表中可以看出随着预测步数的增加，预测精度越来越差，接下来选定6s为预测长度（即向后预测6步）开展能量管理策略的在线优化。在这个预测长度下的预测结果还可以达到相对较高的精度，均方根误差小于1m/s，具体预测结果和真实数据的对比效果见图7-2。

表7-2 不同预测步数下的均方根误差

预测长度/s	1	3	4	5	6	10	15	20
RMSE/(m/s)	0.176	0.4762	0.6408	0.818	0.9898	1.7095	2.5287	3.1998

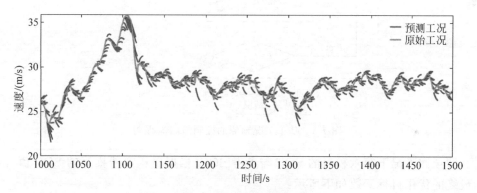

彩图 7-2

图 7-2 预测工况和真实数据对比结果

7.1.2 基于工况预测的粒子群优化能量管理策略

基于工况预测所得到的数据段，这里仍然采用 PSO 算法进行在线能量管理策略的设计，控制策略的整体流程如图 7-3 所示。如前所述，基于训练得到的网络模型，使用当前时刻前的三秒时间窗历史数据来滚动预测未来六秒的工况，并根据车辆纵向动力学模型计算相应的需求功率。前文中离线进行的 PSO 算法是对控制策略中的关键参数进行优化，而基于工况预测的 PSO 算法则是直接对未来短时工况的功率分配率进行优化，即优化变量是预测的 6s 工况内每一秒的电池组功率所占需求功率的分配比，即

$$\{\mu_{t+1},\mu_{t+2},\cdots,\mu_{t+6}\} \tag{7-6}$$

PSO 算法优化的目标函数是油电成本最小，但是考虑到在线优化的不确定性，为了提高算法寻优效率且避免算法寻到不合理的解，在优化目标中加入一个电池 SOC 过度变化的

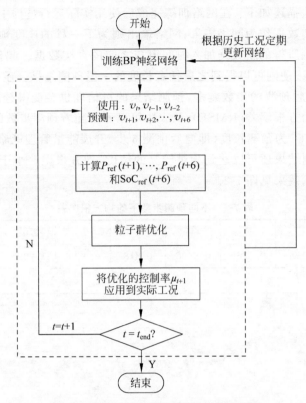

图 7-3 基于工况预测的控制策略流程图

惩罚性,即预测工况下第六秒时的 SOC 与参考 SOC(根据里程离线推算的 SOC 值)的差值平方,最终的优化目标函数如下所示:

$$J = \sum_{t+1}^{t+6} \frac{C_{ele}P_b(t)}{3600} + kC_{fuel}m_f P_e(t) + \lambda[\text{SOC}(t+6) - \text{SOC}_{ref}(t+6)]^2 \quad (7-7)$$

式中,C_{ele} 为电价;C_{fuel} 为燃油价格;P_b 为电池组功率。

根据 PSO 算法可以求出每一时刻的电池组功率和发动机功率:

$$P_b(t) = \begin{cases} \dfrac{P_{req}(t)\mu_t}{\varphi_{batt}}, & P_{req}(t) > 0 \\ P_{req}(t)\varphi_{batt}\varphi_{break}, & P_{req}(t) \leqslant 0 \end{cases} \quad (7-8)$$

$$P_e(t) = \begin{cases} \dfrac{P_{req}(t)(1-\mu_t)}{\varphi_{gen}}, & P_{req}(t) > 0 \\ 0, & P_{req}(t) \leqslant 0 \end{cases} \quad (7-9)$$

式中,φ_{batt} 为电池组充放电效率;φ_{break} 为再生制动效率;φ_{gen} 为发电机的机械效率。

在每个优化区域的 6s 内实施由 PSO 算法所得到的最优控制律,同时在每个 6s 区域的最后 3s 开始进行下一个 6s 的速度预测,依次滚动重复以上的优化过程,这种在线运行的关键是速度预测的准确性,随着智能交通系统的发展,车辆行驶过程中的信息可以传到云端数据库,通过类似 V2X 技术使车辆可以定期调用历史工况信息进行训练从而提高模型的预测精度。需要指出的是,即使行驶工况的预测是完全准确的,这种在线优化所得到的每一个短时最优结果累加在一起并不一定是全局最优,但是通过在线优化直接得到的控制律可以体现工况的实时行驶特点,实际运行时可以通过在线优化与离线策略相结合的方法来提高算法的适用性。

7.2 仿真结果与分析

7.2.1 算法有效性的仿真验证

本节只给出算法有效性的分析,但是需要注意的是 PSO 算法的收敛需要耗费一些时间,在线运行对算法的实时性有一定要求,这一点在计算机仿真时并不能完全体现,需要在实车或台架实验中进一步验证。所以在确定工况预测时长时除了考虑所能达到的预测准确性之外,还需要考虑算法实时性的问题,当能量管理策略所作用的行驶里程很短时,算法收敛速度会得到更好的保障,图 7-4 是每一时刻优化输出的控制率,可以看出控制率在区间范围内都有分布,并且只有小部分控制率趋向于边界,说明在线优化情况下在大部分工况阶段下采用了油电混合模式。图 7-5 是优化的电池组功率、发动机功率和需求功率。为了观察控制效果,这里将基于速度预测的在线 PSO 结果(记为 PSO-PEMS 策略)与其他两种策略进行对比,对比策略包括:一是基于规则的 CD-CS 策略(记为 CD-CS 策略),即不论工况如何都是优先使用电力,待电力耗尽之时开启发动机增程;二是基于 PSO 算法的离线优化策略(记为 PSO 策略)。图 7-6 给出了三种策略下的电池 SOC 变化情况,这里的离线 PSO 策略在训练和应用时采用的是相同工况,也就是说理想地认为 PSO 算法提前预知了整个行驶

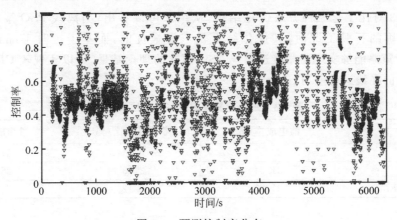

图 7-4 预测控制率分布

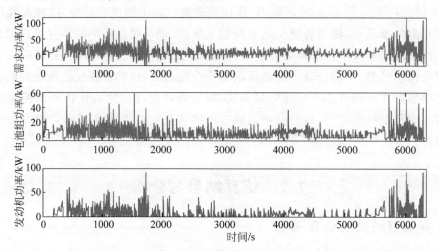

图 7-5　需求功率、电池组功率和发动机功率

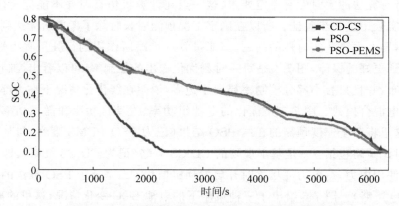

图 7-6　三种能量管理策略下的电池 SOC 变化情况

工况。表 7-3 对比了这三种方法优化结果,从结果可以看出,当离线 PSO 策略可以提前预知一个准确的行驶工况时,其优化结果是三者最优的,而基于短时工况预测的在线 PSO-PEMS 策略能够实现略微接近离线 PSO 策略的理论结果,可以实现较 CD-CS 能耗降低了 2.12% 的在线运行能力。

表 7-3　三种能量管理策略能耗结果对比

策　　略	油电成本/元	降低百分比/%	燃油成本/元
CD-CS	32.56	N/A	27.09
PSO	31.54	3.13	25.97
PSO-PEMS	31.87	2.12	26.26

7.2.2 具有工况差异性时的结果分析

前述仿真分析是建立在行驶工况与训练工况完全一致的情况下所得到的结论，但是显然在实际运行时很难保证这一点，接下来本节通过仿真分析对工况存在差异性时的情况进行评价，此处在训练算法时采用 UDDS＋US06 工况数据而算法应用时采用沈阳城市工况（SUDC），如图 7-7 所示。仿真时运行里程为 110km，另外，考虑到实际运行时电池初始 SOC 也存在不确定性，因此分别将初始 SOC 设置为 0.8、0.6 和 0.4。

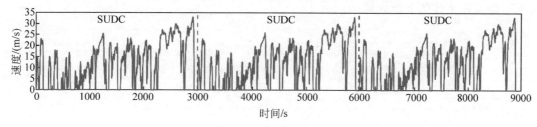

图 7-7　沈阳城市工况

表 7-4 分别对比了三种不同初始 SOC 的情况下这三种能量管理策略所得到的油电成本、燃油成本和百公里油耗。结果表明，在不同的初始 SOC 下，当行驶里程较长，车辆的电量不足以维持整个行驶工况时，基于规则的方法无法实现良好的经济性，在实际工况下无法应用；基于优化的方法在提前预知整个工况的前提下去优化，可以得到最优的结果，但是将优化的参数在线应用到新的工况下，最优性无法保证；而基于工况预测的能量管理策略在不同的工况和初始 SOC 下均实现了良好的优化控制效果，并实现了最优的经济性，使油电成本最多降低 2.74%，提高了车辆节能效果。

表 7-4　不同初始 SOC 下的优化结果

初始 SOC	控制策略	油电成本/元	降低百分比/%	燃油成本/元	百公里油耗/L	降低百分比/%	最终 SOC
0.8	CD-CS	42.29	—	36.81	5.527	—	0.1011
	PSO	41.15	2.72	35.58	5.342	3.37	0.1011
	PSO-PEMS	41.15	2.72	35.55	5.338	3.42	0.0980
0.6	CD-CS	47.86	—	44.00	6.607	—	0.1011
	PSO	47.09	1.61	43.16	6.480	1.92	0.1011
	PSO-PEMS	46.55	2.74	42.55	6.389	3.30	0.0950
0.4	CD-CS	53.20	—	50.92	7.646	—	0.1011
	PSO	52.79	0.77	50.46	7.577	0.90	0.1011
	PSO-PEMS	51.98	2.29	49.56	7.441	2.68	0.0921

7.3 本章小结

本章介绍了基于短时工况预测的插电式混合动力汽车粒子群优化能量管理策略设计方法,首先基于 BP 神经网络和 PSO 算法建立能量管理策略,通过误差对比分析,确定了 6 步预测,在建立的预测数据上实施 PSO 算法来确定最优控制律。与离线 PSO 策略进行了对比分析,在工况具有一定的不确定性及电池初始状态发生波动时,基于预测的粒子群优化策略有可能发挥更佳的节能效果。

第8章 考虑电池寿命与安全性的 PMP 能量管理策略

锂离子电池作为电动汽车的主要车载能源,在应用过程中不可避免地会发生老化,另外还存在起火爆炸的安全隐患,当前能量管理策略设计主要是以能量经济性为目标,本章将电池的安全性和耐久性等因素纳入能量管理策略的优化中,基于庞特里亚金极小值原理(Pontryagin's Minimum Principle,PMP)算法,介绍一种考虑电池寿命及安全性的插电式混合动力汽车能量管理策略设计方法。

8.1 电池热安全与耐久性模型

8.1.1 电池耐久性模型

电池除了电量消耗的电价成本,优化目标中还应加入电池老化的等效成本,将每一次电池充放电量所对应的成本折合到整个电池寿命周期所对应的电池购置成本,根据安时吞吐量模型,电池标称寿命可以定义为

$$\Gamma = \int_0^{\text{EOL}} | I_{\text{nom}}(t) | \, \mathrm{d}t \tag{8-1}$$

式中,Γ 表示标称条件下的电池从健康状态直到寿命终结可以进行的安时吞吐量;I_{nom} 表示标称条件下的电池电流;EOL 表示电池寿命结束时长。

常用的电池寿命衰减经验模型如式(8-2)所示,通过整合影响电池寿命的众多因素,建立电池容量衰减比:

$$Q_{\text{loss}} = B \exp\left(\frac{-E_a}{RT}\right) (A_h)^z \tag{8-2}$$

式中,Q_{loss} 是容量损失百分比;B 是前因子;E_a 是活化能;R 是气体常数;T 是电池的绝对温度;A_h 是安时吞吐量;z 是幂因子(此处气体常数 R 取定值 8.31,z 取定值 0.55)。

其中,每一时刻的安时吞吐量如下式所示:

$$A_h = \frac{|I_{\text{batt}}| \cdot \Delta t}{3600\gamma} \tag{8-3}$$

式中,Δt 为采样间隔,γ 为实际工况下的电池总寿命。

电池的 C 率 $I_{c,b}$ 与电流 I_{batt} 的关系如下式所示:

$$I_{c,b} = \frac{|I_{\text{batt}}(t)|}{Q_b} \tag{8-4}$$

进一步推导出,电池的 C 率 $I_{c,b}$ 与功率 P_{batt} 的关系为

$$I_{c,b} = \frac{|P_{\text{batt}}(t)| \times 1000}{Q_b U_{oc}} \tag{8-5}$$

式中,$I_{c,b}$ 是工作条件下的电池 C 率;$I_{\text{batt}}(t)$ 是电池包的电流(A);U_{oc} 是电池包的开路电压(V);Q_b 是电池包的容量(A·h);$P_{\text{batt}}(t)$ 是电池包的功率(kW)。

活化能 E_a 与电池 C 率 $I_{c,b}$ 有关,具体关系为

$$E_a = -31700 + 370.3 I_{c,b} \tag{8-6}$$

式中,$I_{c,b}$ 是实际工作条件下电池 C 率。在电池 C 率为 0.5C、2C、6C、10C 下进行放电时,B 的值分别为 31630、21681、12934 和 15512,一般情况下,插电式混合动力汽车的电池 C 率 $I_{c,b}$ 不会超过 10C,于是,将前因子 B 与电池 C 率之间进行拟合,可以得到 B 的表达式为

$$B = 32350 e^{-0.3375 I_{c,b}} + 4041 e^{0.1271 I_{c,b}} \tag{8-7}$$

通常,当电池容量损失百分比达到 20% 时,即代表电池寿命的结束。电池包损耗占比 B_{loss} 可以写为

$$B_{\text{loss}} = \frac{\sum_{k=1}^{n} Q_{\text{loss}}(k)}{20\%} \times 100\% \tag{8-8}$$

8.1.2 电池热模型

电池的内部产热主要包括可逆热与不可逆热,可逆热主要是电化学反应热,不可逆热则主要包括极化热与欧姆热,电池热模型可表示为

$$\begin{cases} q = q_{\text{rea}} + q_{\text{act}} + q_{\text{ohm}} + q_{\text{abuse}} \\ q_{\text{rea}} = jT \dfrac{\partial U}{\partial T} \\ q_{\text{act}} = j(\phi_s - \phi_e - U) \\ q_{\text{ohm}} = \sigma^{\text{eff}} \nabla \phi_s \cdot \nabla \phi_s + \kappa^{\text{eff}} \nabla \phi_e \cdot \nabla \phi_e + \kappa_D^{\text{eff}} \nabla \ln c_e \nabla \phi_e \end{cases} \tag{8-9}$$

式中,q_{rea} 为可逆电化学反应热;q_{act} 为不可逆极化热;q_{ohm} 为不可逆欧姆热;q_{abuse} 为副反应热。其中,欧姆热表达式的等式右边分别为电极固相材料欧姆热、电解液中离子迁移造成的欧姆热、电解液中离子扩散造成的欧姆热。

锂离子电池在工作过程中随着工作电流的不同而呈现不同的产热速率,尽管电池热管

理系统或散热系统会让热量扩散,但是在一些极端条件下电池的热状态十分关键,例如高温环境、冷却系统故障等。为了降低模型的计算复杂度,假定电池的产热包括自身化学反应产生的熵变热以及电池极化产生的欧姆热,忽略电池内部其他产热因素,表示为

$$\rho V' C_p \frac{\partial T}{\partial t} = I_{\text{batt}}(V-U) + I_{\text{batt}} T_{\text{batt}} \left(\frac{\mathrm{d}U}{\mathrm{d}T}\right) \tag{8-10}$$

式中,ρ 为锂离子电池密度;V' 为电池体积;C_p 为锂离子电池比热容;V 为电池工作电压;U 为电池开路电压;I_{batt} 为电流;T_{batt} 为电池温度。可以进一步推导为

$$\frac{\partial T}{\partial t} = \frac{1}{m_b C_p} \left\{ I_{\text{batt}}^2 (R_j + R_p) + I_{\text{batt}} T_{\text{batt}} \left(\frac{\mathrm{d}U}{\mathrm{d}T}\right) \right\} \tag{8-11}$$

式中,m_b 是电池的质量。

电池温升系数与放电深度之间的关系,如图 8-1 所示。

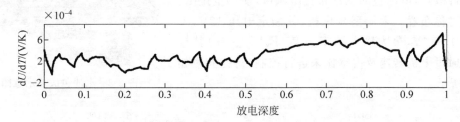

图 8-1 电池温升系数与放电深度之间的关系

8.1.3 冷却系统模型

能量管理策略需要综合考虑电池产热与散热状况来决策是否需要从热安全的角度对放电程度进行抑制,此处采用风冷系统进行散热部分的建模。风冷主要通过热对流将热量排出,根据驱动方式的不同,可以分为自然对流和强制对流两种。风冷系统中采用风机转动将冷却空气带入电池包内,以强制对流的方式达到为电池包快速冷却的目的,当风机关闭时,其换热方式以自然对流为主。对流换热量的基本计算公式如下:

$$q = hA(T_{\text{batt}} - T_{\text{air}}) \tag{8-12}$$

式中,q 为对流换热量,W;h 为对流换热系数,W/(m²·K);A 为对流换热面积,m²;T_{batt} 为电池表面温度,K;T_{air} 为冷却空气温度,K。

将电池产热公式与上述的热对流散热公式相结合,可以得到电池的热模型

$$\frac{\partial T}{\partial t} = \frac{1}{m_b C_p} \left\{ I_{\text{batt}}^2 (R_j + R_p) + I_{\text{batt}} T_{\text{batt}} \left(\frac{\mathrm{d}U}{\mathrm{d}T}\right) - hA(T_{\text{batt}} - T_{\text{air}}) \right\} \tag{8-13}$$

对流换热系数与风速直接关联,当风机开启时使得对流换热系数增大,对流换热系数可以看作是自然对流换热系数 h_0 与强制对流换热系数增量 Δh 之和,当风速为 0 时,强制对流换热系数增量 Δh 趋近于 0,其计算公式如下:

$$\Delta h = \frac{Nu k_a}{d_b} \tag{8-14}$$

式中,Nu 为努塞尔特数;k_a 为空气的导热系数,W/(m·K);d_b 为电池模块直径,m。

关于横掠管束换热实验的研究结论,求解 Nu 的经验表达式为

$$Nu = cR_e^n \tag{8-15}$$

式中,c、n 为常数;Re 为雷诺数。

$$Re = \frac{\rho_{air} v_a d_b}{\mu_a} = \frac{v_a d_b}{\gamma_a} \tag{8-16}$$

式中,ρ_{air} 为空气密度,kg/m³;v_a 为空气流速,m/s;μ_a 为空气动力黏性系数,kg/(m·s);γ_a 为空气运动黏性系数,m²/s。

如图 8-2 所示,在电池包的两侧预留 2 个矩形的风道,风道上有栅格,风机带动冷却风通过风道进入电池组中进行散热,电池包的尾部布置出风口,使热量排出。电池包对称布置 2 个同型号风机,其额定电压 12V,工作电压 9~16V,最大输入功率 80W,风机工作时其输出功率通过电机转速及占空比来进行控制,特性曲线如图 8-3 所示。

图 8-2 电池包散热示意图

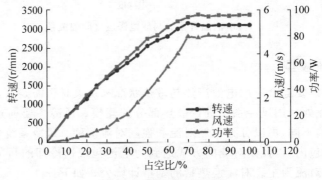

图 8-3 风机的特性曲线

8.2 基于 PMP 算法的能量管理策略

8.2.1 能量管理策略设计思路

如前所述,能量管理策略的设计不仅要优化燃油与电量的能量消耗成本,还纳入了电池包的耐久性与安全性的考虑。影响电池安全性的因素很多,这里重点考虑的是温度对电池的影响,电池温度不仅与环境和散热有关,还与工作电流有着直接关系,因此在整个行驶工况中对电池电流的合理管控也可以实现对温度的间接调控。控制算法的输入是系统需求功率、环境温度及冷却系统工作状态,根据需求功率进行发动机与电池的功率分配,从而得到

电池的工作电流,根据电池老化模型与热模型可以计算电池老化与产热,进一步通过 PMP 算法(算法细节将在 8.2.3 节中介绍)得到任意给定的协态变量 λ 所对应的最优控制律。

根据冷却系统是否处于正常工作状态将控制问题分为正常控制和安全管控两种情况,采用打靶法可以获得不同协态变量 λ 所对应的优化结果变化规律,这里 PMP 算法采用温度变化率与协态变量 λ 相乘构建汉密尔顿函数,因此随着协态变量 λ 的改变优化结果对应着不同的电池温度,根据目标函数在两种情况下分别确定最佳的协态变量 λ 取值,进而调用 PMP 算法的优化结果建立最优功率分配律。

8.2.2 PMP 算法

基于上述优化框架,使用庞特里亚金极小值原理(PMP)进行控制策略的设计。首先建立问题的优化目标函数。如前所述,这里能量管理策略的设计不仅要优化燃油与电量的能量消耗成本,还纳入了电池包的耐久性与安全性的考虑,能量管理策略分配电池的输出功率,电池功率不仅影响着用电成本,还影响着电池的老化和温度,由于当前电池的寿命远低于一般情况下的车辆使用寿命,因此有必要将电池瞬时老化程度折算成电池成本。同时,电池的温度变化又会进一步影响电池的老化程度和安全性,其中温度对老化程度的影响(加速老化)可以在老化模型中所体现,而对安全性的影响则需要施加额外的限制约束或者惩罚项,此处采用的优化目标函数一般形式为

$$\min J = c_1 \int_{t_0}^{t_f} \sum_{i=1}^{3} L_i(T_{\text{batt}}, P_{\text{batt}}, t) \mathrm{d}t + c_2 \Phi(T_{\text{batt}}) \tag{8-17}$$

式中,t_0 表示行程的初始时刻;t_f 表示行程的终止时刻;c_1 和 c_2 是权重系数;Φ 为抑制电池温度增量的惩罚函数;L_1,L_2 与 L_3 分别代表燃油成本、电力成本和电池老化等效成本,它们的表达形式为

$$\begin{cases} L_1(t) = kc_f \dot{m}_{f,\text{APU}}(t) \\ L_2(t) = c_e \dfrac{P_{\text{batt}}(t)}{3600} \\ L_3(T_{\text{batt}}, t) = \varepsilon B_{\text{loss}}(P_{\text{batt}}(t), T_{\text{batt}}(t)) \end{cases} \tag{8-18}$$

式中,k 为燃油价格换算系数;c_f 与 c_e 分别表示燃油价格和电价;$\dot{m}_{f,\text{APU}}$ 表示发动机发电机组的瞬时燃油消耗率;ε 为整个电池包的购置成本。

结合上述优化目标来建立汉密尔顿函数,采用电池温度变化率与电池热安全,所以不同于以往的以油电成本作为优化目标时对 SOC 进行限制,将电池温度作为限制的条件,因此将哈密尔顿函数 H 定义为

$$H = \sum_{i=1}^{3} L_i(t, I_{\text{batt}}, T) + \lambda \dot{T} \tag{8-19}$$

式中,$\lambda(t)$ 为拉格朗日乘子变量。

系统的状态变量为 $X=[\text{SOC}, T]$。设定初始时刻启车的电池包温度为 T,控制变量 u 为电池功率,对于 $t \in [t_0, t_f]$,存在最佳控制变量 $u^*(t)$ 使 $H(x_0(t), u^*(t), \lambda_0(t), t)$ 成为

全局最优解,即

$$H(x(t),u^*(t),\lambda(t)) \leqslant H(x(t),u(t),\lambda(t)), \quad \forall u \in \Omega \quad (8\text{-}20)$$

输出功率需要满足的约束条件为

$$\begin{cases} P_{\text{APU\_min}} \leqslant P_{\text{APU}} \leqslant P_{\text{APU\_max}} \\ P_{\text{batt\_min}} \leqslant P_{\text{batt}} \leqslant P_{\text{batt\_max}} \\ P_{\text{APU}} + P_{\text{batt}} = P_{\text{req}} \\ \text{SOC}_{\min} \leqslant \text{SOC}(t) \leqslant \text{SOC}_{\max} \end{cases} \quad (8\text{-}21)$$

正则方程为

$$\dot{\lambda}(t) = -\frac{\partial H(x(t),u(t),t,\lambda)}{\partial T} \quad (8\text{-}22)$$

使用 PMP 计算最优解的过程如下:首先选择初始的协态变量 $\lambda(0)$,通过哈密顿函数求取此协态变量对应的每一步的 $P_{\text{batt}}^*(t)$,就是该协态变量对应的最优控制量。根据 $P_{\text{batt}}^*(t)$ 求得当前协态变量下对应的优化结果,计算整个行程的累加哈密顿函数 H。通过对比不同 H 值的大小,选择满足约束条件且使 H 最小的协态变量。

具体求解过程为

步骤(1):在每一个时刻 $t \in [t_0, t_f]$ 里,以当前时刻的需求功率 $P_{\text{req}}(t)$ 来确定电池功率的选取范围:

$$\begin{cases} u_{\max}(t) = \min\{P_{\text{req}}(t) - P_{\text{APU\_min}}, P_{\text{batt\_max}}\} \\ u_{\min}(t) = \max\{P_{\text{req}}(t) - P_{\text{APU\_max}}, P_{\text{batt\_min}}\} \end{cases}$$

步骤(2):为方便计算,以 $\Delta u = 0.1$ 将 $[u_{\min}(t), u_{\max}(t)]$ 离散化为

$$u_i \in [u_{\min}(t) : \Delta u : u_{\max}(t)], \quad i = 1, 2, \cdots, n$$

步骤(3):获得每一个候选控制变量 u_i 相应的 $H_i = H_i(u_i)$,并选择使得 H_i 最小的相应的控制变量 $u^* = \text{argmin}(H(u))$。

步骤(4):重复步骤(1)~步骤(3)直至整个循环工况结束,从不同的协态变量中选取使 H 最小的协态变量。

8.2.3 优化结果

基于上述优化算法可以获得插电式混合动力汽车对于任意给定的协态变量 λ 下的最优控制律,如何确定合理的协态变量 λ 是需要考虑的问题,由于 λ 是与温度变化率相乘构成的汉密尔顿函数,所以 λ 的改变将会影响电池的温度特性。直接且有效的方法是通过打靶法得到随着协态变量 λ 的改变所对应的优化结果,由于电池冷却系统是否正常工作对电池的温度和热安全性有显著影响,此处将分两种情况来论述。

1. 冷却系统正常工作情况

图 8-4 所示为在冷却系统正常的情况下所对应的优化结果。在冷却系统正常的情况下

电池温度可以被控制在正常范围之内,此时最终温度与成本的优化结果均呈现单调性,最终的整体最优对应在协态变量最小、温升最高的情况下。另外,从结果中可以看出,当冷却系统正常工作时,电池的工作状态良好,老化分量在总成本中的占比较低,油电能量成本此时占据主导,仅考虑能源成本所得到的优化结果与兼顾电池老化成本所得到的综合优化结果的差异性不大。

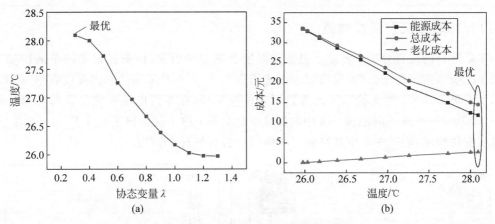

图 8-4　冷却系统正常情况下的优化结果

2. 冷却系统失效情况

冷却系统失效将引起电池过热,进而带来安全隐患,图 8-5 给出了在冷却系统失效情况下的系统优化结果,可以看出在冷却系统无法正常控制电池温升的情况下,不同的功率分配策略将显著影响电池的温度并影响电池的老化程度,随着协态变量 λ 的减小,电池的终止温度明显升高。在不同协态变量取值所对应的最优控制律中,存在一个最优值。随着 λ 的减小,电池的温度升高、油电能耗成本降低,但是电池老化成本却会增加,且温度越高,增加的

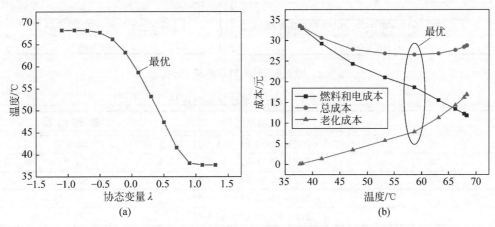

图 8-5　冷却系统异常情况下的优化结果

趋势越快。综合成本 J 首先减小,然后增大,出现一个低点,该点对应的 λ^* 使 J 取最小。显然,此时仅根据油电能耗成本来进行策略设计已经失去合理性,需要兼顾电池老化与安全,以最优点处的 λ^* 或者电池允许温度上限所对应的 λ 作为设计值。

8.3 仿真结果与分析

8.3.1 行驶工况及温度数据

本章进行的仿真分析中考虑了电池的温度及热安全因素,仿真过程中的车辆行驶工况使用了沈阳市实车行驶数据,温度则采用沈阳市 2021 年 6 月采集的车内温度数据,如图 8-6 所示。采集方式为:将实验车随机静置于室外停车场,在车内电池安装位置布置温度采集设备,以 10min 采样间隔记录一天中的温度变化数据;图中仅给出了 6 月 11 日—6 月 20 日的温度变化情况,取其中 5 个最高温度峰值信息进行统计,见表 8-1。

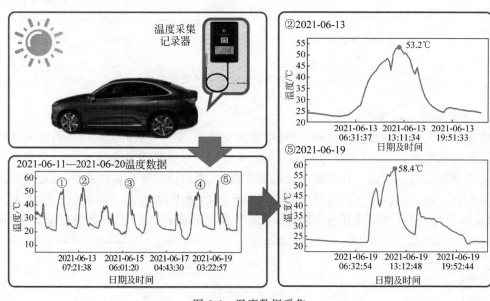

图 8-6 温度数据采集

表 8-1 沈阳夏季最高温度统计

序号	日期及时间	最高温度
1	2021-06-12 11:51:31	49.6℃
2	2021-06-13 12:11:37	53.2℃
3	2021-06-15 14:11:16	51.4℃
4	2021-06-18 14:33:04	49.1℃
5	2021-06-19 11:42:49	58.4℃

8.3.2 冷却系统正常情况仿真分析

以高温启动汽车情况进行仿真分析。起始温度为 55℃,冷却系统设置为正常工作且根据温度值而调节占空比。为了便于对比,采用 PSO 控制策略作为基准策略,具体算法与第 5 章相同。不考虑电池热状态与热安全,通过本章建立的考虑耐久性与热安全的 PMP 算法与基准策略进行对比。系统仿真结果如图 8-7 所示,可以看出,在冷却系统正常的情况下虽然起始温度较高,但是随着行驶里程的增加电池温度很快会被控制到适当范围之内,温度对控制效果的影响主要体现在启动阶段,而从整个行驶里程的综合能耗上看温度的影响并不显著,根据仿真结果,基准策略的油电成本为 12.1671 元、总成本为 15.2187 元;PMP 策略的油电成本为 12.1634 元、总成本为 14.9894 元,两种策略相差不大,这与之前所得到的结论相同,即:在冷却系统正常情况下,仅考虑能耗成本所得到的最优控制效果与兼顾老化成本所得到的最优控制效果近乎相同,在本例中其差异约为 1.5%,这个差异主要是由电池寿命损失不同所引起。功率分配的结果如图 8-8 所示,PMP 策略在算法运行的初期抑制了电

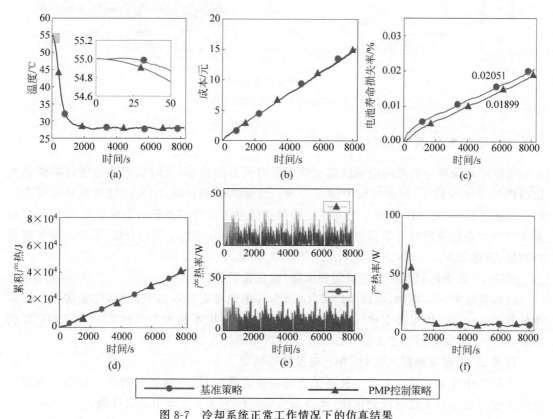

图 8-7 冷却系统正常工作情况下的仿真结果
(a) 温度变化;(b) 综合成本;(c) 电池寿命损失率;(d) 累积产热量;(e) 产热率;(f) 电池散热率

池生热,从而使电池温度可以更快地降低,减少了电池在高温情况下输出功率的成分,可以看出,在起始高温阶段 PMP 策略抑制了电池输出而更多使用发动机功率,随着温度的下降,发动机的使用减少,开始由电池提供功率,这样一方面有益于降低电池的寿命衰退,同时避免了热失控风险。

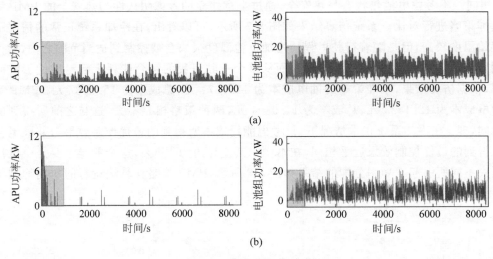

图 8-8 功率分配的对比
(a) PSO 基准策略;(b) PMP 控制策略

8.3.3 冷却系统异常情况仿真分析

当冷却系统发生故障时电池的温度将无法得到有效控制,此时如果能量管理系统仍然仅以能耗最优为目标,则会导致电池状态进一步偏离合理区域,引发过度老化甚至安全问题。根据所设计的 PMP 算法与打靶法在冷却系统发生故障时调整协态变量 λ,可以使控制系统在冷却系统故障时有效调整控制目标、抑制电池温升。为了便于分析,采用 3 种策略进行对比,描述如下。

策略 1:基于能耗优化的能量管理策略(仅优化经济性)。

在该策略中只考虑油、电成本的最优性,不考虑电池老化及温升影响,此处优化方法采用的是 PSO 算法(详见第 5 章),但是需要说明的是,这里不是为了对比 PSO 与 PMP 算法本身,而是为了观察是否考虑耐久性及安全性所带来的控制效果差异。

策略 2:考虑电池耐久性的 PMP 能量管理策略。

该策略中考虑了高温引起的锂离子电池加速老化问题,控制算法的设计目标是寻得能量经济性与电池耐久性的综合优化,其协态变量对应了 8.2.3 节中的最优值。

策略 3：考虑电池安全性的 PMP 能量管理策略。

该策略优化目标仍为能量经济性与电池耐久性的综合优化，但是同时考虑热安全的温升限制，以电池工作温度上限(本例中设为 50℃)作为约束条件来调节策略 2 中的协态变量值并根据 PMP 算法得到最优控制律。

3 种策略的仿真结果如图 8-9 所示，可以看出，仅考虑能量经济性优化的策略 1 在整个过程中更多地使用电池组功率，相应地电池产热量也是 3 种策略中最高的；策略 2 因为综合考虑了经济性与电池耐久性，所以在末期，即电池温度升高之后，开始增加了发动机的使

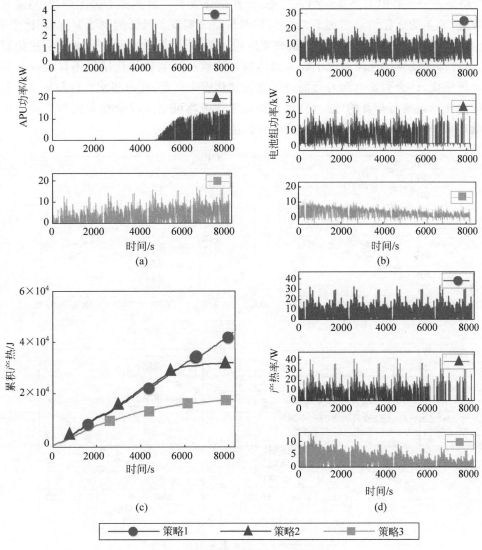

图 8-9　3 种控制策略仿真结果对比
(a) APU 功率分配；(b) 电池组功率分配；(c) 电池组累积产热量；(d) 电池组瞬态产热率

用率、抑制电池用电量,从而达到系统的综合最优控制效果;策略 3 则是 3 种策略中使用电池组功率最少的,整个过程中电池产热量和产热率最低且电池功率随着产热量的堆积而呈现逐步下降趋势。

将 3 种策略所得到的最终优化结果进行对比,如图 8-10 所示。可以看出,策略 1 的电池温度上升程度最高,达到了 67.29℃,导致了最大的电池寿命损失和热安全风险;而策略 2 将电池耐久性纳入优化,最终将温度权衡控制,最高温度为 59.49℃,从成本对比可以看出,策略 2 实现了最优的综合成本,即能量消耗成本与电池寿命损失折算成本之和是最优的;策略 3 进一步将电池热安全纳入考虑,而在综合成本方面实现了次优控制,与策略 2 相比,其综合成本的优化结果增加了 2.4%,但是策略 3 实现了最低的电池温度,相比于策略 1 的电池温度下降了 17.45℃,相比于策略 2 的电池温度下降了 9.65℃。通过上述仿真分析可知,在冷却系统发生故障情况下仅考虑能量经济性所得到的优化结果不仅在综合成本上无法实现最优,还会引发电池寿命的过度衰退和热安全问题,此时将耐久性与安全性综合纳入系统优化问题是有必要的,通过合理的能量管理策略可以从综合控制的角度抑制故障对电池状态带来的影响,实现整个系统的综合性能优化和管控。

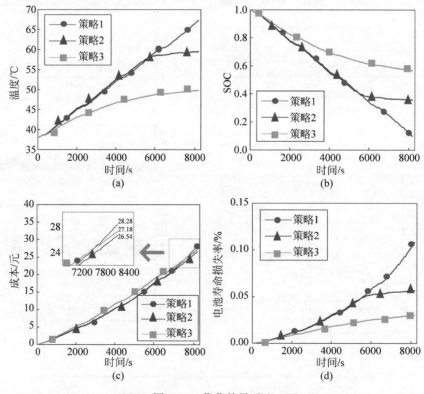

图 8-10 优化效果对比

(a) 电池组温度;(b) 电池组 SOC 值;(c) 系统综合成本优化结果;(d) 电池组寿命损失率

8.4 本章小结

本章基于庞特里亚金极小值原理开展了能量管理策略及其优化方法设计，其中汉密尔顿函数的构建方法与协态变量的优化是关键问题，考虑了锂离子电池工作功率、温度变化及耐久性、安全性之间的关联规律，将电池耐久性与热安全纳入了优化模型。分别在冷却系统正常工作与故障情况下进行了分析，结果表明能量管理策略在冷却系统故障时可以在实现次优经济性且有效抑制电池温升，达到经济性与耐久性、安全性的协同管控效果。

参 考 文 献

[1] 熊瑞,何洪文.电动汽车复合电源系统集成管理基础[M].北京:化学工业出版社,2019.

[2] 张希.车辆能量管理:建模、控制与优化[M].北京:机械工业出版社,2016.

[3] 唐葆君,王翔宇,王彬,等.中国新能源汽车行业发展水平分析及展望[J].北京理工大学学报(社会科学版),2019,21(2):12-17.

[4] 北京亿维新能源汽车大数据应用技术研究中心.中国新能源汽车大数据研究报告(2020)[M].北京:机械工业出版社,2020.

[5] 迈克尔·瓦伦丁.特斯拉模式:从丰田主义到特斯拉主义,埃隆·马斯克的工业颠覆[M].陈明浩,译.北京:社会科学文献出版社,2019.

[6] Zeyu Chen,Rui Xiong,Bo Liu,et al. 2022. Pontryagin's minimum principle-based power management of plug-in hybrid electric vehicles to enhance the battery durability and thermal safety[J]. IEEE Transactions on Transportation Electrification,doi: 10.1109/TTE.2022.3201029.

[7] Zeyu Chen,Hao Zhang,Rui Xiong,et al. Energy management strategy of connected hybrid electric vehicles considering electricity and oil price fluctuations:A case study of ten typical cities in China [J]. Journal of energy storage,2021,36:102347.

[8] Zeyu Chen,Jiahuan Lu,Bo Liu,et al. Optimal energy management of plug-in hybrid electric vehicles concerning the entire lifespan of lithium-ion batteries[J]. Energies,2020,13:2543.

[9] Zeyu Chen,Qing Zhang,Jiahuan Lu,et al. Optimization-based method to develop practical driving cycle for application in electric vehicle power management:A case study in Shenyang,China[J]. Energy,2019,186:115766.

[10] Zeyu Chen,Rui Xiong,Chun Wang,et al. An on-line predictive energy management strategy for plug-in hybrid electric vehicles to counter the uncertain prediction of the driving cycle[J]. Applied energy,2017,185:1663-1672.

[11] Zeyu Chen,Rui Xiong,Jiayi Cao. Particle swarm optimization-based optimal power management of plug-in hybrid electric vehicles considering uncertain driving conditions[J]. Energy,2016,96:197-208.

[12] Zeyu Chen,Rui Xiong,Kunyu Wang,et al. Optimal energy management strategy of a plug-in hybrid electric vehicle based on a particle swarm optimization algorithm[J]. Energies,2015,8:3661-3678.

[13] 陈泽宇,方志远,杨瑞鑫,等.基于深度强化学习的混合动力汽车能量管理策略[J].电工技术学报,2022,37(23):6157-6168.

[14] Rui Xiong,Jonghoon Kim,Weixiang Shen,et al. Key technologies for electric vehicles[J]. Green Energy and Intelligent Transportation,2022,1(2):100041.

[15] Hongwen He,Fengchun Sun,Zhenpo Wang,et al. China's battery electric vehicles lead the world:achievements in technology system architecture and technological breakthroughs[J]. Green Energy and Intelligent Transportation,2022,1(1):100020.

[16] 赵秀春,郭戈.混合动力电动汽车能量管理策略研究综述[J].自动化学报,2016,42:321-334.

[17] Fengqi Zhang,Xiaosong Hu,Reza Langari,et al. Energy management strategies of connected HEVs and PHEVs:Recent progress and outlook[J]. Progress in Energy and Combustion Science,2019,73:

235-256.

[18] Pranjal Barman, Lachit Dutta, Sushanta Bordoloi, et al. Renewable energy integration with electric vehicle technology: A review of the existing smart charging approaches [J]. Renewable and Sustainable Energy Reviews, 2023, 183: 113518.

[19] Haochen Sun, Zhumu Fu, Fazhan Tao, et al. Data-driven reinforcement-learning-based hierarchical energy management strategy for fuel cell/battery/ultracapacitor hybrid electric vehicles[J]. Journal of Power Sources, 2020, 455: 227964.

[20] Lucy Maybury, Padraig Corcoran, Liana Cipcigan. Mathematical modelling of electric vehicle adoption: A systematic literature review[J]. Transportation Research Part D: Transport and Environment, 2022, 107: 103278.

附　　录

附录一　行驶工况构建算法代码

1. 主程序 main.m

```
tic
clc,clear;
i = 19;
M = [3,2,1;4,2,1;4,3,1;5,3,1;6,3,1;6,4,1;7,4,1;8,5,1;8,5,2;9,5,2;10,6,2;11,6,2;11,7,2;
12,7,2;13,8,2;14,9,3;15,9,3;16,10,3;17,10,3];
% 输入行驶工况中的19组片段数据
lb = 0.001 * ones(1,sum(M(i,:)));
ub = [191.999 * ones(1,M(i,1)),113.999 * ones(1,M(i,2)),33.999 * ones(1,M(i,3))];
options = gaoptimset('CrossoverFcn',@crossoverheuristic,'MutationFcn',@mutationuniform,
'SelectionFcn',@selectionuniform,'PopulationSize',350,'Generations',2000,'EliteCount',17,
'TolFun',0,'PlotFcns',@gaplotbestf);
[xbest,fbest,reason,output,population,score] = ga(@(x)fitness(x,M(i,:)),sum(M(i,:)),[],
[],[],[],lb,ub,[],options);
toc
```

2. cyc_connection.m

```
clear clc
load('V30.mat')
% 输入速度数据
load('databaseV02.mat')
% 输入片段数据库数据
v = [];
M = M(5,:);
x = xbest;
for i = 1:1:M(1)
    eval(['v = [v av',num2str(ceil(x(i))),']',';']);
end
for i = 1:1:M(2)
    eval(['v = [v bv',num2str(ceil(x(i+M(1)))),']',';']);
end
for i = 1:1:M(3)
```

```
    eval(['v = [v cv',num2str(ceil(x(i + M(1) + M(2)))),']',';']);
end
```

3. 目标函数 fitness.m

```
function f = fitness(x,M)
load('databaseV02.mat');
%%输入片段数据库数据
% ----------------- 构建行驶工况 ------------------
v = [];
for i = 1:1:M(1)
    eval(['v = [v av',num2str(ceil(x(i))),']',';']);
end
for i = 1:1:M(2)
    eval(['v = [v bv',num2str(ceil(x(i + M(1)))),']',';']);
end
for i = 1:1:M(3)
    eval(['v = [v cv',num2str(ceil(x(i + M(1) + M(2)))),']',';']);
end
% ----------------- 求工况长度 --------------------
v_ms = v/3.6;
s = 0;
for i = 1:1:length(v_ms)
    s = s + v_ms(i);
end
% ------------------- 求工况加速度 -----------------
a = v_ms(1);
for i = 2:1:length(v_ms)
    a(i) = v_ms(i) - v_ms(i - 1);
end
end
% ----------------- 求牵引力 ----------------------
f = 0.015;m = 1200;delta = 1.05;g = 9.8;A = 0.301;Cd = 2.05;
for i = 1:1:length(v_ms)
    Ff(i) = m * g * f;
    Fw(i) = v(i).^2 * Cd * A/21.15;
    Fj(i) = a(i) * m * delta;
    Ft(i) = Ff(i) + Fw(i) + Fj(i);
end
% ----------------- 求工况特征 ---------------------
alpha = 0;beta = 0;gama = 0;
for i = 1:1:length(v_ms)
    if Ft(i)>= 0
        alpha = alpha + v_ms(i);
        beta = beta + v_ms(i)^3;
        gama = gama + a(i) * v_ms(i);
```

```
        end
    end
    alpha = alpha/s;                    % 特征参数 1
    beta = beta/s;                      % 特征参数 2
    gama = gama/s;                      % 特征参数 3
    % ---------------- 序号不一致约束 --------------------
    P1 = [ ];P2 = [ ];P3 = [ ];
    for i = 1:1:M(1)
        P1 = [P1 ceil(x(i))];
    end
    delta1 = length(P1) - length(unique(P1));
    for i = 1:1:M(2)
        P2 = [P2 ceil(x(i + M(2)))];
    end
    delta2 = length(P2) - length(unique(P2));
    for i = 1:1:M(3)
        P3 = [P3 ceil(x(i + M(2) + M(1)))];
    end
    delta3 = length(P3) - length(unique(P3));
    if delta1 == 0&&delta2 == 0&&delta3 == 0
        penalty = 1;
    else
        penalty = 500;
    end
    % ---------------- 特征指标归一化 --------------------
    % 求 v-a 联合分布概率
    load('Ptotal.mat');
    % 输入总功率数据
    load('databaseV02.mat');
    % 输入片段数据库数据
    RMSE = sqrt((sum(sum((Pv - Ptotal).^2)))/323);
    % 惩罚函数
    if length(v)> = 800&&length(v)< = 3000
            f = penalty * 180 * abs(alpha - 0.8349) + abs(beta - 152.8921) + 1426 * abs(gama - 0.1072) + RMSE * 130;
    else
            f = penalty * 50 * (180 * abs(alpha - 0.8349) + abs(beta - 152.8921) + 1426 * abs(gama - 0.1072) + RMSE * 130);
    end
end
```

4. parameter.m

```
a = 0;
% 初始值设置
```

```matlab
for i = 1:1:length(v) - 1;
   a(i + 1) = (v(i + 1) - v(i))/3.6;
end
clear i
acc = [];adc = [];a_idle = [];
for i = 1:length(a);
    if a(i)> 0;
        acc = [a(i),acc];
      end;                           %加速度大于零
   if a(i)< 0;
        adc = [a(i),adc];            %加速度小于零
    elseif a(i) == 0
        a_idle = [a(i),a_idle];      %加速度为零
end
end
  clear i
  v_avg = mean(v);                   %平均速度
  v_std = std(v);                    %速度标准差
  vr_avg = mean(nonzeros(v));        %非怠速段平均速度
  accp = mean(acc);                  %平均正加速度
  accn = mean(adc);                  %平均负加速度
   %加速度标准差
  a_std = std(a);
  v_ms = v/3.6;
  absa_avg = mean(abs(a));           %加速度绝对值平均数
cr = [];ac = [];dc = [];
for i = 1:1:length(a);
    if  a(i)> - 0.1&&a(i)< 0.1
       cr = [a(i),cr];               %巡航加速度
    end
    if  a(i)> 0.1
       ac = [a(i),ac];               %加速
    end
     if  a(i)< - 0.1
       dc = [a(i),dc];               %减速
    end
end
clear i
   %求时间占比
   pa = length(ac)/length(v) * 100;
   pd = length(dc)/length(v) * 100 ;
   pc = length(cr)/length(v) * 100;
   pi = length(a_idle)/length(v) * 100;
     %求平均能耗
   v_ms = v/3.6;
```

```
    s = 0;
for i = 1:1:length(v_ms)
    s = s + v_ms(i);
end
a = v_ms(1);
for i = 2:1:length(v_ms)
    a(i) = v_ms(i) - v_ms(i-1);
end
alpha = 0;beta = 0;gama = 0;KK = 0;
m = 1200;Cd = 0.301;A = 2.05;delta = 1.05;
f = 0.015;g = 9.8;eta = 0.9 * 0.9 * 0.9 * 0.94;
for i = 1:1:length(v_ms)
    Ff(i) = m * g * f;
    Fw(i) = v(i).^2 * Cd * A/21.15;
    Fj(i) = a(i) * m * delta;
    Ft(i) = Ff(i) + Fw(i) + Fj(i);
    P0(i) = Ft(i) * v_ms(i)/1000;
if P0(i)> = 0
    Preq(i) = P0(i)/eta;
    KK = KK + 1;
else
    Preq(i) = P0(i) * eta;
end
end
E_ave = sum(Preq)/3600/(s/1000) * 1000;
    %求相对误差
b = [v_avg v_std absa_avg accp accn pa a_std  E_ave];
para = [27.9922252013181,21.8075694473912,0.259790809424674,0.287058195280731,
    -0.373886586227011,32.3780536010752,0.443767341612894,122.216868924015];
    % b = [27.6857088716085,21.2366381914769,0.256068724279835,0.293457366534616,
    -0.372513769157088,31.2222222222222,0.441737651454945,121.405567459622];
%输入每个误差数据参数的计算值
Re = [];
for i = 1:length(para)
    Re(i) = ((b(i) - para(i))./para(i)) * 100;
        %求各个数据片段的相对误差
end
wc = sum(abs(Re));
%各个数据片段总误差
    %求 ssd
    Pv = (hist3([v' a'],{0:5:80 -4.5:0.5:4.5}))/length(v) * 100;
load('Ptotal.mat');
%输入总功率数据
    ssd = sum(sum((Pv - Ptotal).^2));
    RMSE = sqrt((sum(sum((Pv - Ptotal).^2)))/323);
```

5. PV.m

```matlab
clear
 clc
%% 求加速度
load('V23.mat')
% 输入速度数据
a = 0;
for i = 1:1:length(v) - 1;
    a(i+1) = (v(i+1) - v(i))/3.6;
end
clear i
%% 求正加速度、负加速度
acc = [];adc = [];a_idle = [];
for i = 1:length(a);
    if a(i)>0;
        acc = [a(i),acc];
      end;                              %加速度大于零
    if a(i)<0;
        adc = [a(i),adc];               %加速度小于零
    elseif a(i) == 0
        a_idle = [a(i),a_idle];         %加速度为零
end
end
  clear i
  v_avg = mean(v);                      %平均速度
  vr_avg = mean(nonzeros(v));           %非怠速段平均速度
  accp = mean(acc);                     %平均正加速度
  accn = mean(adc);                     %平均负加速度
  asd = std(a);                         %加速度标准差
  v_ms = v/3.6;
%% 求加、减速、巡航
cr = [];ac = [];dc = [];
for i = 1:1:length(a);
    if   a(i)> -0.1&&a(i)<0.1
        cr = [cr,a(i)];                 %巡航加速度
    end
    if   a(i)>0.1
        ac = [ac,a(i)];                 %加速
    end
     if   a(i)< -0.1
        dc = [dc,a(i)];                 %减速
    end
end
clear i
```

```
    %% 求时间占比
    pa = length(ac)/length(v) * 100;
    pd = length(dc)/length(v) * 100 ;
    pc = length(cr)/length(v) * 100;
    pi = length(a_idle)/length(v) * 100;
    Can = [v_avg vr_avg accp accn pa pd pc asd]
    %% 求相对误差
    CycCon_p = [ 27.9922252013181,35.2882677534793,0.287058195280731, - 0.373886586227011,
32.3780536010752,23.6125385405961,44.0094078583287,0.443767341612894];
%输入误差值数据
wc = [];
    for j = 1:1:length(Can)
        wc(j) = (Can(j) - CycCon_p(j))./CycCon_p(j) * 100;
    end
    PV = sum(abs(wc))
    %% 平均能耗
    v_ms = v/3.6;
    s = 0;
for i = 1:1:length(v_ms)
    s = s + v_ms(i);
end
a = v_ms(1);
for i = 2:1:length(v_ms)
    a(i) = v_ms(i) - v_ms(i - 1);
end
alpha = 0;beta = 0;gama = 0;KK = 0;
m = 1200;Cd = 0.301;A = 2.05;delta = 1.05;
f = 0.015;g = 9.8;eta = 0.9 * 0.9 * 0.9 * 0.94;
for i = 1:1:length(v_ms)
    Ff(i) = m * g * f;
    Fw(i) = v(i).^2 * Cd * A/21.15;
    Fj(i) = a(i) * m * delta;
    Ft(i) = Ff(i) + Fw(i) + Fj(i);
    P0(i) = Ft(i) * v_ms(i)/1000;
if P0(i)> = 0
   Preq(i) = P0(i)/eta;
   KK = KK + 1;
else
   Preq(i) = P0(i) * eta;
end
end
E_ave = sum(Preq)/3600/(s/1000) * 1000;
    %% 均方根误差
    Pv = (hist3([v' a'],{0:5:80 - 4.5:0.5:4.5}))/length(v) * 100;
load('Ptotal.mat');
```

```
% 输入总功率数据
  ssd = sum(sum((Pv - Ptotal).^2));
  RMSE = sqrt((sum(sum((Pv - Ptotal).^2)))/323);
  %% 计算欧氏距离
  X = [0,122.216868924015];
  Y = [RMSE, E_ave];
  dist = sqrt((sum((X - Y).^2)))
%%速度加速度联合频数分布
a = 0;
for i = 1:1:length(v) - 1;
  a(i + 1) = (v(i + 1) - v(i))/3.6;
end
clear i
Pv = (hist3([v'a'],{0:5:80 - 4.5:0.5:4.5}))/length(v) * 100;    %速度加速度的概率密度分布
```

附录二　粒子群优化算法代码

1. 主程序 main.m

```
% PsoProcess(第一个数是粒子个数;第二个数是粒子维数,即待优化的参数的数量;倒数第二个数
% 是循环次数)
Scope = [0 60;0 1];
tic
[Result1,on1,off1,minmax1,cost_out1,Peng_out1,Pbatt_out1,SOC1,value1] = PsoProcess(20,2,
Scope,@InitSwarm,@BaseStepPso,@mdl,0,0,300,0);
Toc
```

2. 求解函数 PsoProcess.m

```
function [Result,Online,Offline,MinMaxMeanAdapt,cost,Peng,Pbatt,soc1,allvalue] = PsoProcess
(SwarmSize, ParticleSize, ParticleScope, InitFunc, StepFindFunc, AdaptFunc, IsStep, IsDraw,
LoopCount,IsPlot)
% 功能描述:一个循环 n 次的 PSO 算法的完整求解过程,返回结果为此次运行的最小和最大的平均
% 适应度,以及在线性能和离线性能。
% 输入参数 SwarmSize:粒子群的个数
% 输入参数 ParticleSize:一个粒子的维数
% 输入参数 ParticleScope:一个粒子的位置、速度各维分量的范围
% 例如:3 维粒子的 ParticleScope 的格式:[x1min,x1max;x2min,x2max;x3min,x3max]是一个 2 行
% D(粒子的维数)列的矩阵
% 输入参数 InitFunc:粒子群初始化函数
% 输入参数 StepFindFunc:速度、位置的单步更新函数
% 输入参数 AdaptFunc:适应度函数
% 输入参数 IsStep:是否每次迭代暂停。当 IsStep = 0,不暂停;否则暂停。默认缺省不暂停。
% 输入参数 IsDraw:是否图形化迭代过程。IsDraw = 0,不图形化迭代过程;否则图形化表示。默认
```

% 缺省不图形化表示。
% 输入参数 LoopCount:迭代次数。默认缺省迭代次数为 100。
% 输入参数 IsPlot:控制是否绘制在线性能和离线性能的图形表示。IsPlot = 1,显示图形结果;否则
% 不显示。默认缺省显示图形结果,即 IsPlot = 1。
%
% 返回值 Result:经过迭代后得到的最优解:包括优化变量的最优值、此优化变量的最优值对应的适
% 应度函数的最优值。
% 返回值 Online:在线性能的数据。
% 返回值 Offline:离线性能的数据。
% 返回值 MinMaxMeanAdapt:本次完整迭代后得到的最小和最大的平均适应度。
% 返回值 Peng:整个迭代优化过程结束之后,得到的发动机各个时刻的输出功率值。
% 返回值 Pbatt:整个迭代优化过程结束之后,得到的动力电池组在各个时刻的输出功率值。
% 返回值 soc1:整个迭代过程中,电池 SOC 在各个时刻的变化值。
% 返回值 allvalue:整个迭代过程中每一次的最优目标值。
% 用法
% [Result,Online,Offline,MinMaxMeanAdapt] = PsoProcess(SwarmSize,Particle,ParticleScope,
% InitFunc,StepFindFunc,AdaptFunc,IsStep,IsDraw,LoopCount,IsPlot)
% 容错控制
if nargin < 6
    error('输入参数的个数错误')
end
[row,column] = size(ParticleSize);
if row > 1||column > 1
    error('输入粒子的维数是错误的,应该是一个 1 行 1 列的数据')
end
[row,column] = size(ParticleScope);
if row~= ParticleSize||column~= 2
    error('输入粒子的维数范围是错误的')
end
% 设置缺省值
if nargin < 7
    IsPlot = 1;
    LoopCount = 100;
    IsStep = 0;
    IsDraw = 0;
end
if nargin < 8
    IsPlot = 1;
    LoopCount = 100;
    IsStep = 0;
end
if nargin < 9
    IsPlot = 1;
    LoopCount = 100;
end

```matlab
if nargin < 10
    IsPlot = 1;
end
% 初始化种群
[ParSwarm,OptSwarm] = InitFunc(SwarmSize,ParticleSize,ParticleScope,AdaptFunc)
XResult_init = OptSwarm(SwarmSize + 1,1:ParticleSize);
YResult_init = AdaptFunc(XResult_init);
% 绘制初始化种群的位置(一般只针对 1 维或者 2 维数目)
if IsDraw~= 0
    if 1 == ParticleSize
        for ParSwarmRow = 1:SwarmSize

plot([ParSwarm(ParSwarmRow,1),ParSwarm(ParSwarmRow,1)],[ParSwarm(ParSwarmRow,3),0],'r*',
'markersize',8);
            text(ParSwarm(ParSwarmRow,1),ParSwarm(ParSwarmRow,3),num2str(ParSwarmRow));
            hold on;
        end
    end
    if 2 == ParticleSize
        for ParSwarmRow = 1:SwarmSize
plot3(ParSwarm(ParSwarmRow,1),ParSwarm(ParSwarmRow,2),ParSwarm(ParSwarmRow,5),'r*',
'markersize',8);
text(ParSwarm(ParSwarmRow,1),ParSwarm(ParSwarmRow,2),ParSwarm(ParSwarmRow,5),num2str
(ParSwarmRow));
            hold on;
            grid on;
        end
    end
end
% 暂停来提供抓图
if IsStep~= 0
    str = sprintf('初始化迭代的最优目标函数值为 %g',YResult_init);
    disp(str);
    disp('下次迭代,按任意键继续');
    disp('开始迭代,按任意键:')
    pause
end
% 开始更新算法的调用
for k = 1:LoopCount
    % 显示迭代的次数:
    disp('----------------------------------------')
    TempStr = sprintf('第 %g 次迭代',k);
    disp(TempStr);
    disp('----------------------------------------')
    % 调用单步迭代函数
```

```
[ParSwarm, OptSwarm] = StepFindFunc(ParSwarm, OptSwarm, AdaptFunc, ParticleScope, 1.2, 0.1,
LoopCount, k)
    % 在目标函数的图形上绘制 2 维以下的粒子的新位置
    if IsDraw ~= 0
        if 1 == ParticleSize
            for ParSwarmRow = 1:SwarmSize
plot([ParSwarm(ParSwarmRow,1),ParSwarm(ParSwarmRow,1)],[ParSwarm(ParSwarmRow,3),0],'r * - ',
'markersize',8);
text(ParSwarm(ParSwarmRow,1),ParSwarm(ParSwarmRow,3),num2str(ParSwarmRow));
                hold on;
            end
        end
        if 2 == ParticleSize
            for ParSwarmRow = 1:SwarmSize
plot3(ParSwarm(ParSwarmRow,1),ParSwarm(ParSwarmRow,2),ParSwarm(ParSwarmRow,5),'r * ',
'markersize',8);
text(ParSwarm(ParSwarmRow,1),ParSwarm(ParSwarmRow,2),ParSwarm(ParSwarmRow,5),num2str
(ParSwarmRow));
hold on;
grid on;
            end
        end
    end
    XResult = OptSwarm(SwarmSize + 1,1:ParticleSize);    % XResult 是优化变量的最优值
    [c,cost,Peng,Pbatt,soc1] = AdaptFunc(XResult);        % 计算在优化变量的最优值下的适应度
                                                          % 函数值,c 是整个成本,Peng、Pbatt、
                                                          % soc1 分别是发动机输出功率、电池组
                                                          % 输出功率、电池 SOC 的变化过程。
    YResult = c;
% 记录每一步的最优目标函数值(也就是最优适应度值)
    allvalue(1,k) = YResult;
    if IsStep ~= 0
        str = sprintf('% g 步迭代的最优目标函数值 % g',k,YResult);
        disp(str);
        disp('下次迭代,按任意键继续');
        pause
    end
% 记录每一步的平均适应度值
    MeanAdapt(1,k) = mean(ParSwarm(:,2 * ParticleSize + 1));
end
% 记录最小和最大的平均适应度
MinMaxMeanAdapt = [min(MeanAdapt),max(MeanAdapt)];
% 记录离线和在线性能
for k = 1:LoopCount
    Online(1,k) = sum(MeanAdapt(1,1:k))/k;
```

```
        Offline(1,k) = max(MeanAdapt(1,1:k));
end
for k = 1:LoopCount
        Offline(1,k) = sum(Offline(1,1:k))/k;
end
% 绘制离线性能和在线性能曲线
if 1 == IsPlot
        figure
        hold on
        title('离线性能曲线图');
        xlabel('迭代次数');
        ylabel('离线性能');
        grid on
        plot(Offline);
        figure
        hold on
        title('在线性能曲线图');
        xlabel('迭代次数');
        ylabel('在线性能');
        grid on
        plot(Online);
end
% 记录本次迭代结果的最优结果
Result = [XResult,YResult];
```

3. 调用 InitSwarm.m

```
Function [ParSwarm,OptSwarm] = InitSwarm(SwarmSize,ParticleSize,ParticleScope,AdaptFunc)
% 功能描述:初始化粒子群,使粒子群的位置和速度限定在指定范围内
% 输入参数 SwarmSize:粒子群的个数
% 输入参数 ParticleSize:一个粒子的维数
% 输入参数 ParticleScope:一个粒子的位置、速度各维分量的范围
% 如 3 维粒子的 ParticleScope 的格式:[x1min,x1max;x2min,x2max;x3min,x3max]是一个 2 行 D(粒
% 子的维数)列的矩阵
% 输入参数 AdaptFunc:适应度函数
% 输出参数 ParSwarm :初始化的粒子群矩阵(位置、速度和当前的适应度值)
% 输出参数 OptSwarm :粒子群当前的最优解与全局最优解
% 用法 [ParSwarm,OptSwarm] = InitSwarm(SwarmSize,ParticleSize,ParticleScope,AdaptFunc)
% 容错控制
if nargin~= 4                           % 验证输入参数的个数
        error('输入参数的个数错误')
end
if nargout < 2                          % 验证输出参数的个数
        error('输出参数的个数太少,不能保证以后的运行')
end
```

```
[row, column] = size(ParticleSize);
if row > 1||column > 1
    error('输入的粒子的维数是错误的')
end
[row, column] = size(ParticleScope);
if row~= ParticleSize||column~= 2
    error('输入的粒子各维的限制范围是错误的')
end
% 初始化粒子群矩阵 ParSwarm(包含位置各分量、速度各分量和当前的适应度值)
ParSwarm = rand(SwarmSize, 2 * ParticleSize + 1);    % 初步设置为[0,1]内的随机数,然后根据限制
                                                     % 范围对速度和位置进行调节
for k = 1:ParticleSize
    ParSwarm(:,k) = ParSwarm(:,k) * (ParticleScope(k,2) - ParticleScope(k,1)) + ParticleScope(k,1);                                  % 对位置进行调节

    ParSwarm(:,ParticleSize + k) = ParSwarm(:,ParticleSize + k) * ParticleScope(k,2) * 1 * 2 + ( - ParticleScope(k,2) * 1);
                                                     % 对速度进行调节,将位置的上下限中绝对值
                                                     % 最大的那个数的 1 倍作为速度的上限;速度
                                                     % 的下限自然是其相反数,也就是负的 1 * 绝
                                                     % 对值最大的门限
end
ParSwarm(:,ParticleSize + 1:2 * ParticleSize) = zeros(SwarmSize,ParticleSize);
% 计算每一个粒子的适应度函数的适应度值
for k = 1:SwarmSize
    ParSwarm(k,2 * ParticleSize + 1) = AdaptFunc(ParSwarm(k,1:ParticleSize));
end
% 初始化粒子群的最优解矩阵 OptSwarm(包含粒子的历史最优解和所有粒子的全局最优解)
OptSwarm = zeros(SwarmSize + 1, ParticleSize + 1);
[minV, row] = min(ParSwarm(:,2 * ParticleSize + 1));% 寻找适应度函数值最大的解在初始粒子群矩
                                                    % 阵中的位置,并记录其适应度值
OptSwarm(1:SwarmSize,1:ParticleSize) = ParSwarm(1:SwarmSize,1:ParticleSize);
            % 初始阶段用每个粒子的初始位置作为其当前的历史最优粒子位置,并记录其适应度值
OptSwarm(1:SwarmSize,ParticleSize + 1) = ParSwarm(1:SwarmSize, 2 * ParticleSize + 1);
OptSwarm(SwarmSize + 1,1:ParticleSize) = ParSwarm(row,1:ParticleSize);
                % 将适应度值函数最大的作为当前全局最优粒子的位置,并记录其适应度值
OptSwarm(SwarmSize + 1, ParticleSize + 1) = ParSwarm(row, 2 * ParticleSize + 1);
```

4. 调用 BaseStepPso.m

```
function [ParSwarm, OptSwarm] = BaseStepPso(ParSwarm, OptSwarm, AdaptFunc, ParticleScope, MaxW, MinW, LoopCount, CurCount)
% 功能描述:进行标准粒子群算法的单步的位置、速度更新
% 输入参数 ParSwarm:粒子群矩阵
% 输入参数 OptSwarm:最优解矩阵
% 输入参数 ParticleScope:一个粒子在运算中位置、速度各维的范围
```

```
% 输入参数 MaxW,MinW:惯性权重因子的最大值和最小值
% 输入参数 AdaptFunc:适应度函数
% 输入参数 LoopCount:迭代的总次数
% 输入参数 CurCount:当前迭代的次数
% 返回参数同输入参数一样
% 用法 [ParSwarm,OptSwarm] = BaseStepPso(ParSwarm,OptSwarm,AdaptFunc,ParticleScope,MaxW,
% MinW,LoopCount,CurCount)
% 容错控制
if nargin ~= 8
    error('输入参数的个数错误')
end
if nargout ~= 2
    error('输出参数的个数太少,不能保证以后循环的迭代')
end
% 以下过程是进行单步位置、速度更新的迭代
w = MaxW - CurCount * ((MaxW - MinW)/LoopCount);   % 此次选定惯性权重因子的变化为"线性递减策略",
                                                   % 也可设定其他变化过程(如固定形式、非线性递减等)
[ParRow,ParCol] = size(ParSwarm);                  % 得到粒子群的种群大小,即粒子群的个数 ParRow
ParCol = (ParCol - 1)/2;                           % 得到粒子的维数 ParCol
SubTract1 = OptSwarm(1:ParRow,1:ParCol) - ParSwarm(:,1:ParCol);  % 速度更新过程中,粒子根据
                                                                 % 自我经验进行的修正量
% 设置学习因子(认知系数),也可以选择另一种 c1、c2 的变化形式
c1 = 2;
c2 = 2;
% 整个 for 循环是进行速度、位置更新;首先进行速度更新,然后进行位置更新
% 速度更新
for row = 1:ParRow
    [minValue1,row1] = min(OptSwarm(max(row - 20,1):min(row + 20,ParRow),ParCol + 1));
    SubTract2 = OptSwarm(row1,1:ParCol) - ParSwarm(row,1:ParCol);


TempV = w. * ParSwarm(row,ParCol + 1:2 * ParCol) + c1 * unifrnd(0,1). * SubTract1(row,:) + c2 *
unifrnd(0,1). * SubTract2;                         % 单步速度迭代公式
    % 限制速度分量的范围
    for h = 1:ParCol
        if TempV(:,h)>(ParticleScope(h,2) - ParticleScope(h,1))/10
            TempV(:,h) = (ParticleScope(h,2) - ParticleScope(h,1))/10;
        end
        if TempV(:,h)< - (ParticleScope(h,2) - ParticleScope(h,1))/10
            TempV(:,h) = - (ParticleScope(h,2) - ParticleScope(h,1))/10 + 1e - 10;
                                        % 加 1e - 10 防止适应度函数被零除
        end
    end
    ParSwarm(row,ParCol + 1:2 * ParCol) = TempV;
    a = 1;                                         % 设置约束因子,当然也可以选择另外的设置情况
    TempPos = ParSwarm(row,1:ParCol) + a * TempV;  % 单步位置迭代公式
```

```
        % 限制位置分量的范围
        for h = 1:ParCol
            if TempPos(:,h)> ParticleScope(h,2)
                TempPos(:,h) = ParticleScope(h,2);
            end
            if TempPos(:,h)< ParticleScope(h,1)
                TempPos(:,h) = ParticleScope(h,1);
            end
        end
    ParSwarm(row,1:ParCol) = TempPos;
        % 进行每个粒子的新的适应度值,并进行更新
    ParSwarm(row,2 * ParCol + 1) = AdaptFunc(ParSwarm(row,1:ParCol));
    if ParSwarm(row,2 * ParCol + 1)< OptSwarm(row,ParCol + 1)
        OptSwarm(row,1:ParCol) = ParSwarm(row,1:ParCol);
        OptSwarm(row,ParCol + 1) = ParSwarm(row,2 * ParCol + 1);
    end
end
% 寻找适应度函数值最大的解在矩阵中的位置,进行全局最优解的更新
[minValue,row] = min(ParSwarm(:,2 * ParCol + 1));
if minValue< OptSwarm(ParRow + 1,ParCol + 1)
    OptSwarm(ParRow + 1,1:ParCol) = ParSwarm(row,1:ParCol);
    OptSwarm(ParRow + 1,ParCol + 1) = minValue;
end
```

5. mdl. m

```
function [c,cost,Peng,Pbatt,soc1] = mdl(x)
% % 由实际匹配数据和路况信息计算得出的需求功率和需求功率的变化率;此时求出的需求功率就
% % 是该工况下驱动汽车所需的功率,已经考虑了机械效率
load('Preq1.mat');
% 输入需求功率数据
Preq = [Preq1 Preq1 Preq1 Preq1 Preq1];                    % 需求功率
si = size(Preq);
% % 发动机最优工作曲线;
P_eng = [5 10 20 30 40 50 60 70 82];                       % 发动机 MAP 图中的功率,kW
b_eng = [312.1 264.8 248 251 257.5 295.6 311.2 315.7 319.8];  % 发动机 MAP 图中的燃油消耗率
n_eng = [1000 1200 1908 2787 3393 4167 4518 4830 5420];    % 发动机 MAP 图中的转速,r/min
t_eng = [47.75 79.58 100.1 102.8 112.6 114.6 126.8 138.4 144.5];% 发动机 MAP 图中的扭矩,N·m
% % 电机转矩限制;
mc_map_spd = [0 1000 2000 3000 4000 5000 6000 7000 8000 9000 10000]; % 电机 MAP 图中的转速
mc_max_trq = [245,245,245,220.2,176.4,150.1,132.6,120.1,110.7,103.4,97.5]; % 电机 MAP 图中
                                                           % 的扭矩
% % 速度;
load('v1.mat');
% % 输入速度数据
```

```
v2 = [v1 v1 v1 v1 v1];                              %工况车速,英里/h
v = v2 * 1.609/3.6;                                 % 车速单位变成 m/s;
%% 基本参数设置;
C = 100;                                            %C 为电池的容量,A·h;
soc = 0.8;                                          %电池初始 SOC,设为 0.8
U = 260;                                            %驱动电机的工作电压,V
p = 0.84;                                           %油的密度为 0.84kg/L
R = 0.3;                                            %车轮半径,m
sum1 = 0;
sum2 = 0;
c2 = 1;          %家庭居民用电单价:0.7/(kW * h);...................修改电价,得到不同的优化结果
c1 = 5.5;        % 每 L 汽油的单价,7/L;.........................修改油价,得到不同的优化结果
k1 = 3.6;        %优化得到,论文中的 ig1;
k2 = 2;          %优化得到,论文中的 ig2;
i_g = 4;         %主减速器传动比,设为 4;轿车一般是 3.5~5;
eta_j = 0.9 * 0.85;   %机械效率和驱动电机的效率
eta_mor = 0.85;       %驱动电机的效率
eta_gen = 0.87;       %发电机的效率,同电机一样,先假设它保持不变,取 0.87
eta_inv = 0.8;        %功率转换器的效率,一般在 0.75~0.94,取 0.8
eta_bat = 0.98;       %电池的工作效率,有充放电电流所对应的效率,取 0.98
%% 循环
for t = 1:1:si(2) %;
    n_out(t) = 60. * v(t) * i_g./(2 * pi * R);  % n_out 是主减前的转速,也就是图 1 中 Treq 处的转
                                                % 速(车速:线速度 m/s)转化为车轮轴的转速,r/min
    if soc >= 0.8
        if Preq(t)> 0 %纯电动模式 + 混联模式;
            Treq(t) = 9550 * Preq(t)/n_out(t);      %需求转矩,N·m
            Tm2_max(t) = interp1(mc_map_spd, mc_max_trq, n_out(t), 'linear');
                                                %电机 M2 可以提供的最大转矩,N·m,插值得到;
            T_m2(t) = (Treq(t)/k2 > Tm2_max(t)) . * Tm2_max(t) + (Treq(t)/k2 <= Tm2_max(t)) . *
(Treq(t)/k2);        % 当前时刻电机 M2 提供的转矩,若大于最大转矩则等于最大转矩;
            T_g(t) = (Treq(t)/k2 > Tm2_max(t)) . * (Treq(t) - Tm2_max(t) * k2) + (Treq(t)/k2 <= Tm2_
max(t)) . * 0;       %齿圈 1 的转矩,即图 1 中绿色的齿圈 1,若电机 M2 转矩无法满足,
                     %发动机开始工作;若电机 M2 转矩满足,发动机不工作;
            T_e(t) = ((1 + k1)/k1) * T_g(t);        %发动机与齿圈 1 转矩之间关系;由公式 10 可知
            T_m1(t) = (1/k1) * T_g(t);              %电机 M1 与齿圈之间关系;由公式 10 可知
            n_e(t) = (T_e(t) > 0) . * interp1(t_eng,n_eng,T_e(t),'spline') + (T_e(t)<= 0) . * 0;
                                                %发动机工作在最优曲线上,插值求其转速;
            n_m1(t) = (Treq(t)/k2 > Tm2_max(t)) . * ((1+k1) * n_e(t) - k1 * n_out(t)) + (Treq(t)/k2 <=
Tm2_max(t)) . * 0;   %根据行星轮 1 之间关系,求电机 M1 转速;公式 9 可知
            n_m2(t) = n_out(t) * k2;                %电机 M2 转速,r/min
            P_m1(t) = n_m1(t) * T_m1(t)/9550;       %电机 M1 功率,kW
            P_m2(t) = n_m2(t) * T_m2(t)/9550;       %电机 M2 功率,kW
            Pbatt(t) = P_m2(t)/eta_mor/eta_inv/eta_bat - P_m1(t) * eta_gen * eta_inv * eta_bat;
                                                %电池提供的功率,kW,由公式 11 可得
```

```matlab
        Peng(t) = n_e(t) * T_e(t)/9550;           % 发动机提供的功率,kW
      else
    Peng(t) = 0;
    Pbatt(t) = 0.5 * Preq(t) * eta_j * eta_j;     % 回收的能量对电池进行充电,kW
      end
      end
      if soc >= 0.2 && soc < 0.8
    if (Preq(t)> 0) && (Preq(t)<= x(1))    % 纯电驱动模式 + 混联模式;X1 用来判断是否进入混联模式
    Treq(t) = 9550 * Preq(t)/n_out(t);            % 需求转矩,kW
    Tm2_max(t) = interp1(mc_map_spd, mc_max_trq, n_out(t), 'linear');
                                                  % 电机 M2 可以提供的最大转矩,N·m,插值得到;
    T_m2(t) = (Treq(t)/k2 > Tm2_max(t)) .* Tm2_max(t) + (Treq(t)/k2 <= Tm2_max(t)) .* (Treq(t)/k2);        % 当前时刻电机 M2 提供的转矩,N·m,若大于最大转矩则等于最大转矩
    T_g(t) = (Treq(t)/k2 > Tm2_max(t)) .* (Treq(t) - Tm2_max(t) * k2) + (Treq(t)/k2 <= Tm2_max(t)) .* 0;    % 齿圈转矩,若电机 M2 转矩无法满足,发动机开始工作;
    T_e(t) = ((1 + k1)/k1) * T_g(t);              % 发动机与齿圈 1 转矩之间关系;由公式 10 可知
    T_m1(t) = (1/k1) * T_g(t);                    % 电机 M1 与齿圈之间关系;
    n_e(t) = (T_e(t) > 0) .* interp1(t_eng, n_eng, T_e(t), 'spline') + (T_e(t)<= 0) .* 0;
                                                  % 发动机工作在最优曲线上,插值求其转速;
    n_m1(t) = (Treq(t)/k2 > Tm2_max(t)) .* ((1 + k1) * n_e(t) - k1 * n_out(t)) + (Treq(t)/k2 <= Tm2_max(t)) .* 0;        % 根据行星轮 1 之间关系,求电机 M1 转速;由公式 9 可知
    n_m2(t) = n_out(t) * k2;                      % 电机 M2 转速,r/min;
    P_m1(t) = n_m1(t) * T_m1(t)/9550;             % 电机 M1 功率,kW;
    P_m2(t) = n_m2(t) * T_m2(t)/9550;             % 电机 M2 功率,kW;
    Pbatt(t) = P_m2(t)/eta_mor/eta_inv/eta_bat - P_m1(t) * eta_gen * eta_inv * eta_bat;
                                                  % 电池提供的功率,kW,由公式 11 可得
    Peng(t) = n_e(t) * T_e(t)/9550;               % 发动机提供的功率,kW
      elseif Preq(t)> x(1)                        % 混联模式
    Treq(t) = 9550 * Preq(t)/n_out(t);            % 需求转矩,kW
    Peng(t) = x(2) * Preq(t);                     % 混联模式下,设置发动机功率与需求功率成正比,且
                                                  % 运行在最优工作曲线上;
    n_e(t) = interp1(P_eng, n_eng, Peng(t), 'spline', 'extrap');     % n_e 是发动机的转速,r/min
    T_e(t) = 9550 * Peng(t)/n_e(t);               % T_e 是发动机的扭矩,N·m
    T_g(t) = (k1/(1 + k1)) * T_e(t);              % T_g 是齿圈 1 的扭矩,N·m;由公式 10 可知
    T_m1(t) = (1/k1) * T_g(t);                    % T_m1 是电机 M1 的扭矩,N·m
    n_m1(t) = (1 + k1) * n_e(t) - k1 * n_out(t);  % n_m1 是电机 M1 的转速,r/min;由公式 9 可知
    T_m2(t) = (Treq(t) - T_g(t))/k2;              % T_m2 是电机 M2 扭矩,N·m
    n_m2(t) = n_out(t) * k2;                      % n_m2 是电机 M2 转速,r/min
    P_m1(t) = n_m1(t) * T_m1(t)/9550;             % P_m1 是电机 M1 的功率,kW
    P_m2(t) = n_m2(t) * T_m2(t)/9550;             % P_m2 是电机 M2 的功率,kW
    Pbatt(t) = P_m2(t)/eta_mor/eta_inv/eta_bat - P_m1(t) * eta_gen * eta_inv * eta_bat;
                                                  % Pbatt 是电池功率
      else                                        % 再生制动;
    Peng(t) = 0;                                  % Peng 是发动机功率,kW
    Pbatt(t) = 0.5 * Preq(t) * eta_j * eta_j;     % Pbatt 是电池功率,kW
```

```
          end
        end
      if soc > = 0&&soc < 0.2               % 串联模式;
   Treq(t) = 9550 * Preq(t)/n_out(t);       % 需求转矩,N·m
   if Treq(t)> 0
       Peng(t) = Preq(t);                   % 仅发动机工作,发动机提供所有功率;
       Pbatt(t) = 0;                        % 电池不工作
   else                                     % 再生制动;
   Peng(t) = 0;                             % 发动机不工作
   Pbatt(t) = 0.5 * Preq(t) * eta_j * eta_j;% 电池回收能量
       end
     end
   % 计算发动机消耗
    if Peng(t) == 0
       Q(t) = 0;                            % Q 是燃油成本
       else
       b(t) = interp1(P_eng,b_eng,Peng(t),'spline','extrap');  % 插值得出的发动机的燃油消耗率
       Q(t) = Peng(t) * c1 * b(t)/3600/p/1000; % Q 是燃油成本,c1 是油价,b 是燃油消耗率,"/3600"是
                                             % 将秒换成小时,p 是油的密度
   end
   % 计算电池消耗
       I_work = Pbatt(t)/U * 1000;          % I_work 是电池的工作电流
      % 更新 SOC
       soc1(t) = soc;                       % soc1 是前一秒的 soc
       soc = soc1(t) - I_work/C/3600;       % soc1 是前一秒的 SOC,C 是电池容量 A·h
       soc1(t) = soc;
       B(t) = c2 * (0.8 - soc1(t)) * C * U/1000; % B 是用电成本,c2 是电价,U 是电压
   sum1 = sum1 + Q(t);
   sum2 = B(t);
   cost(t) = sum1 + sum2 + max(10000 * (0.2 - soc1(t)),0);
                                             % % cost 是实时记载每一次迭代过程中的总使用成本
      end                                    % for 循环结束
      % % 计算整个循环结束后的总使用成本 c
   sum3 = 0;
   sum4 = 0;
   for k = 1:1:si(2)
   sum3 = sum3 + Q(k);
   sum4 = B(k);
   end
   c = sum3 + sum4;
```

附录三　模拟退火粒子群优化算法代码

1. 主程序 main. m

```
tic
```

```
[xm,fv,Result] = SimuAPSO2(@mdl,20,2.05,2.05,0.9,[0 0.1],[60 1],50,2)
toc
```

2. 求解函数 SimuAPSO2.m

```
function [xm,fv,Result] = SimuAPSO2(fitness,N,c1,c2,lamda,xmin,xmax,M,D)
format long ;
% ------------------------ 随机初始化位置和速度 ------------------------ %
for i = 1:N
    for j = 1:D
        x(i,j) = xmin(j) + rand * (xmax(j) - xmin(j));      % 随机初始化位置;
        v(i,j) = (xmax(j) - xmin(j))/10;                    % 随机初始化速度;
    end
end
% -------------- 先计算各个粒子的适应度,并初始化 Pi 和 Pg -------------- %
for i = 1:N
    p(i) = fitness(x(i,:));                                 % 计算各个位置(点)适应度值
    y(i,:) = x(i,:);                                        % y 代表当前位置
end
pg = x(N,:);                                                % N 粒子群种群
for i = 1:(N-1)
    if fitness(x(i,:))< fitness(pg)
        pg = x(i,:);                                        % pg 为全局最优;
    end
end
% -------------------- 进入主要循环,按照公式依次迭代 -------------------- %
T = fitness(pg)/log(5);                                     % 初始温度
for t = 1:M                                                 % M 迭代次数,结束条件
    groupFit = fitness(pg);                                 % 全局最优适应度值;
    for i = 1:N
        Tfit(i) = exp(-(p(i) - groupFit)/T);                % Metropolis 准则(计算概率)
    end
    SumTfit = sum(Tfit);    % 用轮盘赌策略(随机选择个体,概率大的选择概率大)确定全局最优的某
                            % 个代替值(概率接受较差点)
    Tfit = Tfit/SumTfit;    % 个体被选中遗传到下一代的概率(这里温度越高,被选中的概率越大);
    pBet = rand();          % 产生 0~1 区间内随机数(相当于固定色子);
    for i = 1:N
        ComFit(i) = sum(Tfit(1:i));
        if pBet <= ComFit(i)                                % 终止条件:轮盘转动位置超过色子
            pg_plus = x(i,:);
            break;
        end
    end
% ----------- 速度位置更新 ----------- %
    C = c1 + c2;                                            % c1,c2 学习因子;
```

```
        ksi = 2/abs(2 - C - sqrt(C^2 - 4 * C));     % 惯性权重;
        for i = 2:N
            v(i,:) = ksi * (v(i - 1,:) + c1 * rand * (y(i - 1,:) - x(i - 1,:)) + c2 * rand * (pg_plus - x(i - 1,:)));                 % 更新速度;
            for j = 1:D
                if v(i,j)>(xmax(j) - xmin(j))/10 % 限制速度
                    v(i,j) = (xmax(j) - xmin(j))/10;
                end
                if v(i,j)< - (xmax(j) - xmin(j))/10
                    v(i,j) = - (xmax(j) - xmin(j))/10 + 1e - 10;
                end
            end
            x(i,:) = x(i - 1,:) + v(i,:);        % 更新位置;
            for j = 1:D
                if x(i,j)> xmax(j)               % 限制位置(边界);
                    x(i,j) = xmax(j);
                end
                if x(i,j)< xmin(j)
                    x(i,j) = xmin(j);
                end
            end
                if fitness(x(i,:))< p(i)         % 更新全局最优点
                    p(i) = fitness(x(i,:));
                    y(i,:) = x(i,:)
                end
                if p(i)< fitness(pg)
                    pg = y(i,:);
                end
        end
        T = T * lamda;
        gg(t) = fitness(pg);
end
xm = pg';
fv = fitness(pg);
Result = gg;
```

3. mdl.m

```
x(1) = 6.6413 ; x(2) = 0.3114 ;
% function [c,cost,Peng,Pbatt,soc1] = ZHANGHAO4(x)
% 由实际匹配数据和路况信息计算得出的需求功率和需求功率的变化率;此时求出的需求功率就是
% 该工况下驱动汽车所需的功率,已经考虑了机械效率
load('Preq1.mat');
% 输入需求功率数据
Preq = [Preq1 Preq1 Preq1 Preq1 Preq1];                    % 需求扭矩
```

```
si = size(Preq);
% 发动机最优工作曲线;
P_eng = [5 10 20 30 40 50 60 70 82];                    % 发动机 MAP 图中的功率,kW
b_eng = [312.1 264.8 248 251 257.5 295.6 311.2 315.7 319.8];   % 发动机 MAP 图中的燃油消耗率
n_eng = [1000 1200 1908 2787 3393 4167 4518 4830 5420];   % 发动机 MAP 图中的转速,r/min
t_eng = [47.75 79.58 100.1 102.8 112.6 114.6 126.8 138.4 144.5];  % 发动机 MAP 图中的扭矩,N·m
% 电机转矩限制;
mc_map_spd = [0 1000 2000 3000 4000 5000 6000 7000 8000 9000 10000];   % 电机 MAP 图中的转速
mc_max_trq = [245,245,245,220.2,176.4,150.1,132.6,120.1,110.7,103.4,97.5];  % 电机 MAP 图中的扭矩
% 速度;
load('v1.mat');
%% 输入速度数据
v2 = [v1 v1 v1 v1 v1];                  % 工况车速,英里/h
v = v2 * 1.609/3.6;                     % 车速变成 m/s;
C = 100;                                % C 为电池的容量,A·h;
% 基本参数设置;
soc = 0.8;                              % 电池初始 SOC,设为 0.8
U = 260;                                % 驱动电机的工作电压,V;
p = 0.84;                               % 油的密度为 0.84kg/L;
R = 0.3;                                % 车轮半径,m;
sum1 = 0;
sum2 = 0;
c2 = 1.1;                               % 家庭居民用电:0.7/(kW·h);
c1 = 7;                                 % 每 L 汽油的单价,7 元/L;
k1 = 3.6;                               % 优化得到,论文中的 ig1;
k2 = 2;                                 % 优化得到,论文中的 ig2;
i_g = 4;                                % 主减速器传动比;轿车一般是 3.5~5;
eta_j = 0.9 * 0.85;                     % 机械效率和驱动电机的效率
eta_mor = 0.85;                         % 驱动电机的效率
eta_gen = 0.87;                         % 发电机的效率,同电机一样,先假设其保持不变,取 0.9
eta_inv = 0.8;                          % 功率转换器的效率,一般在 0.75~0.94,取 0.8
eta_bat = 0.98;                         % 电池的工作效率,有充放电电流所对应的效率取 0.98
for t = 1:1:si(2)                       %;
    n_out(t) = 60.*v(t)*i_g./(2*pi*R);  % n_out 是主减前的转速,也就是图 1 中 Treq 处的
                                        % 转速(车速:线速度 m/s)转化为车轮轴的转速,r/min
    if soc >= 0.8
        if Preq(t)> 0                   % 纯电动模式 + 混联模式;
            Treq(t) = 9550*Preq(t)/n_out(t);   %需求转矩,N·m
            Tm2_max(t) = interp1(mc_map_spd, mc_max_trq, n_out(t), 'linear');
                                        % 电机 M2 可以提供的最大转矩,N·m,插值得到;
            T_m2(t) = (Treq(t)/k2 > Tm2_max(t)) .* Tm2_max(t) + (Treq(t)/k2 <= Tm2_max
(t)) .* (Treq(t)/k2);
                                        % 当前时刻电机 M2 提供的转矩,若大于最大转
                                        % 矩则等于最大转矩
            T_g(t) = (Treq(t)/k2 > Tm2_max(t)) .* (Treq(t) - Tm2_max(t)*k2) + (Treq
(t)/k2 <= Tm2_max(t)) .* 0;
                                        % 齿圈 1 的转矩,即图 1 中绿色的齿圈 1,若电
```

```
                                    % 机 M2 转矩无法满足,发动机开始工作;
            T_e(t) = ((1 + k1)/k1) * T_g(t);    % 发动机与齿圈 1 转矩之间关系;由公式 10 可知
            T_m1(t) = (1/k1) * T_g(t);          % 电机 M1 与齿圈之间关系;
            n_e(t) = (T_e(t) > 0) . * interp1(t_eng,n_eng,T_e(t),'spline') + (T_e(t)< = 0) . * 0;
                                    % 发动机工作在最优曲线上,插值求其转速;
            n_m1(t) = (Treq(t)/k2 > Tm2_max(t)) . * ((1 + k1) * n_e(t) - k1 * n_out(t)) +
(Treq(t)/k2 < = Tm2_max(t)) . * 0;   % 根据行星轮 1 之间关系,求电机 M1 转速;由公
                                    % 式 9 可知
            n_m2(t) = n_out(t) * k2;            % 电机 M2 转速,r/min;
            P_m1(t) = n_m1(t) * T_m1(t)/9550;   % 电机 M1 功率,kW;
            P_m2(t) = n_m2(t) * T_m2(t)/9550;   % 电机 M2 功率,kW;
            Pbatt(t) = P_m2(t)/eta_mor/eta_inv/eta_bat - P_m1(t) * eta_gen * eta_inv * eta_bat;
                                    % 电池提供的功率,kW,由公式 11 可得
            Peng(t) = n_e(t) * T_e(t)/9550;     % 发动机提供的功率,kW
        else
            Peng(t) = 0;
            Pbatt(t) = 0.5 * Preq(t) * eta_j * eta_j;    % 回收的能量对电池进行充电,kW
        end
    end
    if soc > = 0.2&&soc < 0.8
        if (Preq(t)> 0)&&(Preq(t)< = x(1))      % 纯电驱动模式 + 混联模式;X1 用来判断是否
                                    % 进入混联模式
            Treq(t) = 9550 * Preq(t)/n_out(t);  % 需求转矩,kW
            Tm2_max(t) = interp1(mc_map_spd, mc_max_trq, n_out(t), 'linear');
                                    % 电机 M2 可以提供的最大转矩,N·m,插值得到;
            T_m2(t) = (Treq(t)/k2 > Tm2_max(t)) . * Tm2_max(t) + (Treq(t)/k2 < = Tm2_
max(t)) . * (Treq(t)/k2);           % 当前时刻电机 M2 提供的转矩,N·m,若大于最
                                    % 大转矩则等于最大转矩;
            T_g(t) = (Treq(t)/k2 > Tm2_max(t)) . * (Treq(t) - Tm2_max(t) * k2) + (Treq
(t)/k2 < = Tm2_max(t)) . * 0;       % 齿圈转矩,若电机 M2 转矩无法满足,发动机开
                                    % 始工作;
            T_e(t) = ((1 + k1)/k1) * T_g(t);    % 发动机与齿圈 1 转矩之间关系;由公式 10 可知
            T_m1(t) = (1/k1) * T_g(t);          % 电机 M1 与齿圈之间关系;
            n_e(t) = (T_e(t) > 0) . * interp1(t_eng,n_eng,T_e(t),'spline') + (T_e(t)< = 0) . * 0;
                                    % 发动机工作在最优曲线上,插值求其转速;
            n_m1(t) = (Treq(t)/k2 > Tm2_max(t)) . * ((1 + k1) * n_e(t) - k1 * n_out(t)) +
(Treq(t)/k2 < = Tm2_max(t)) . * 0;   % 根据行星轮 1 之间关系,求电机 M1 转速;由公式 9 可知
            n_m2(t) = n_out(t) * k2;            % 电机 M2 转速,rpm;
            P_m1(t) = n_m1(t) * T_m1(t)/9550;   % 电机 M1 功率,kW;
            P_m2(t) = n_m2(t) * T_m2(t)/9550;   % 电机 M2 功率,kW;
            Pbatt(t) = P_m2(t)/eta_mor/eta_inv/eta_bat - P_m1(t) * eta_gen * eta_inv *
eta_bat;                            % 电池提供的功率,kW,由公式 11 可得
            Peng(t) = n_e(t) * T_e(t)/9550;     % 发动机提供的功率,kW
        elseif Preq(t)> x(1)                    % 混联模式
            Treq(t) = 9550 * Preq(t)/n_out(t);  % 需求转矩,kW
```

```
                    Peng(t) = x(2) * Preq(t);              % 混联模式下,设置发动机功率与需求功
                                                           % 率成正比,且运行在最优工作曲线上;
                    n_e(t) = interp1(P_eng,n_eng,Peng(t),'spline','extrap');
                                                           % n_e 是发动机的转速,r/min
                    T_e(t) = 9550 * Peng(t)/n_e(t);        % T_e 是发动机的扭矩,N·m
                    T_g(t) = (k1/(1 + k1)) * T_e(t);       % T_g 是齿圈 1 的扭矩,N·m;由公式 10 可知
                    T_m1(t) = (1/k1) * T_g(t);             % T_m1 是电机 M1 的扭矩,N·m
                    n_m1(t) = (1 + k1) * n_e(t) - k1 * n_out(t);
                                                           % n_m1 是电机 M1 的转速,r/min;由公式 9 可知
                    T_m2(t) = (Treq(t) - T_g(t))/k2;       % T_m2 是电机 M2 扭矩,N·m
                    n_m2(t) = n_out(t) * k2;               % n_m2 是电机 M2 转速,r/min
                    P_m1(t) = n_m1(t) * T_m1(t)/9550;      % P_m1 是电机 M1 的功率,kW
                    P_m2(t) = n_m2(t) * T_m2(t)/9550;      % P_m2 是电机 M2 的功率,kW
                    Pbatt(t) = P_m2(t)/eta_mor/eta_inv/eta_bat - P_m1(t) * eta_gen * eta_inv *
        eta_bat;                                           % Pbatt 是电池功率
                else                                       % 再生制动;
                    Peng(t) = 0;                           % Peng 是发动机功率,kW
                    Pbatt(t) = 0.5 * Preq(t) * eta_j * eta_j;% Pbatt 是电池功率,kW
                end
            end
            if soc > = 0&&soc < 0.2                        % 串联模式;
                Treq(t) = 9550 * Preq(t)/n_out(t);         % 需求转矩,kW
                if Treq(t)> 0
                    Peng(t) = Preq(t);                     % 仅发动机工作,发动机提供所以功率
                    Pbatt(t) = 0;                          % 电池不工作
                else                                       % 再生制动
                    Peng(t) = 0;                           % 发动机不工作
                    Pbatt(t) = 0.5 * Preq(t) * eta_j * eta_j;% 电池回收能量
                end
            end
    % 计算发动机消耗
    if Peng(t) == 0
            Q(t) = 0;                                      % Q 是燃油成本
        else
            b(t) = interp1(P_eng,b_eng,Peng(t),'spline','extrap'); % 插值出来发动机的燃油消耗率
            Q(t) = Peng(t) * c1 * b(t)/3600/p/1000;        % Q 是燃油成本,c1 是油价,b 是燃油消耗率,
                                                           % "/3600"是将秒换成小时,p 是油的密度
    end
            % 计算电池消耗
            I_work = Pbatt(t)/U * 1000;                    % I_work 是电池的工作电流
            % 更新 SOC
            soc1(t) = soc;                                 % soc1 是前一秒的 SOC
            soc = soc1(t) - I_work/C/3600;                 % soc1 是前一秒的 soc,C 是电池容量 A·h
            soc1(t) = soc;
            B(t) = c2 * (0.8 - soc1(t)) * C * U/1000;      % B 是用电成本, c2 是电价,U 是电压
```

```
    sum1 = sum1 + Q(t);
    sum2 = B(t);
    cost(t) = sum1 + sum2 + max(10000 * (0.2 - soc1(t)),0);%  % cost 是实时记载每一次迭代过程中的
                                                            %  % 总使用成本
end                                                         % for 循环结束
    % % 计算整个循环结束后的总使用成本 c
sum3 = 0;
sum4 = 0;
for k = 1:1:si(2)
    sum3 = sum3 + Q(k);
    sum4 = B(k);
end
c = sum3 + sum4;
```

附录四　遗传算法代码

```
%    .m 文件
clc;clear;
x(1) = 16.9033; x(2) = 0.4248;
% function [c,cost,Peng,Pbatt,soc1] = ZHANGHAO4(x)
% 由实际匹配数据和路况信息计算得出的需求功率和需求功率的变化率;此时求出的需求功率就是
% 该工况下驱动汽车所需的功率,已经考虑了机械效率
% 欧洲工况,EUDC
load('Preq1.mat');
% 输入需求功率数据
Preq = [Preq1 Preq1 Preq1 Preq1 Preq1 Preq1 Preq1 Preq1 Preq1 Preq1 Preq1 Preq1
Preq1];                                                    % 需求扭矩
si = size(Preq);
% 发动机最优工作曲线;
P_eng = [5 10 20 30 40 50 60 70 82];                       % 发动机 MAP 图中的功率,kW
b_eng = [312.1 264.8 248 251 257.5 295.6 311.2 315.7 319.8];  % 发动机 MAP 图中的燃油消耗率
n_eng = [1000 1200 1908 2787 3393 4167 4518 4830 5420];    % 发动机 MAP 图中的转速,r/min
t_eng = [47.75 79.58 100.1 102.8 112.6 114.6 126.8 138.4 144.5];% 发动机 MAP 图中的扭矩,N·m
% 电机转矩限制;
mc_map_spd = [0 1000 2000 3000 4000 5000 6000 7000 8000 9000 10000];  % 电机 MAP 图中的转速
mc_max_trq = [245,245,245,220.2,176.4,150.1,132.6,120.1,110.7,103.4,97.5];  % 电机 MAP 图中的扭矩
% 速度;
load('v1.mat');
% % 输入速度数据
v2 = [v1 v1 v1 v1 v1 v1 v1 v1 v1 v1 v1 v1 v1];            % 工况车速,英里/h
v = v2 * 1.609/3.6;                                        % 车速变成 m/s;
C = 100;                                                   % C 为电池的容量,A·h;
% 基本参数设置;
soc = 0.8;                                                 % 电池初始 SOC,设为 0.8
```

```matlab
U = 260;                         % 驱动电机的工作电压,V;
p = 0.84;                        % 油的密度为 0.84kg/L;
R = 0.3;                         % 车轮半径,m;
sum1 = 0;
sum2 = 0;
c2 = 1.1;                        % 家庭居民用电:0.7/(kW·h);
c1 = 7;                          % 每 L 汽油的单价,7 元/L;
k1 = 3.6;                        % 优化得到,论文中的 ig1;
k2 = 2;                          % 优化得到,论文中的 ig2;
i_g = 4;                         % 主减速器传动比;轿车一般是 3.5~5;
eta_j = 0.9 * 0.85;              % 机械效率和驱动电机的效率
eta_mor = 0.85;                  % 驱动电机的效率
eta_gen = 0.87;                  % 发电机的效率,同电机一样,先假设其保持不变,取 0.9
eta_inv = 0.8;                   % 功率转换器的效率,一般在 0.75~0.94,取 0.8
eta_bat = 0.98;                  % 电池的工作效率,有充放电电流所对应的效率取 0.98
for t = 1:1:si(2)                %;
    n_out(t) = 60. * v(t) * i_g./(2 * pi * R);  % n_out 是主减前的转速,也就是图 1 中 Treq 处的转
                                                % 速(车速:线速度 m/s)转化为车轮轴的转速,r/min
    if soc > = 0.8
        if Preq(t)> 0            % 纯电动模式 + 混联模式;
            Treq(t) = 9550 * Preq(t)/n_out(t);  % 需求转矩,N·m
            Tm2_max(t) = interp1(mc_map_spd, mc_max_trq, n_out(t), 'linear');
                                                % 电机 M2 可以提供的最大转矩,N·m,插值得到
            T_m2(t) = (Treq(t)/k2 > Tm2_max(t)) . * Tm2_max(t) + (Treq(t)/k2 <= Tm2_max(t)) . * (Treq(t)/k2);
                                                % 当前时刻电机 M2 提供的转矩,若大于最大转矩则等于最大转矩;
            T_g(t) = (Treq(t)/k2 > Tm2_max(t)) . * (Treq(t) - Tm2_max(t) * k2) + (Treq(t)/k2 <= Tm2_max(t)) . * 0;
                                                % 齿圈 1 的转矩,即图 1 中绿色的齿圈 1,若电机 M2 转矩无法满足,
                                                % 发动机开始工作;
            T_e(t) = ((1 + k1)/k1) * T_g(t);    % 发动机与齿圈 1 转矩之间关系;由公式 10 可知
            T_m1(t) = (1/k1) * T_g(t);          % 电机 M1 与齿圈之间关系;
            n_e(t) = (T_e(t) > 0) . * interp1(t_eng, n_eng, T_e(t),'spline') + (T_e(t)<= 0) . * 0;
                                                % 发动机工作在最优曲线上,插值求其转速;
            n_m1(t) = (Treq(t)/k2 > Tm2_max(t)) . * ((1 + k1) * n_e(t) - k1 * n_out(t)) + (Treq(t)/k2 <= Tm2_max(t)) . * 0;
                                                % 根据行星轮 1 之间关系,求电机 M1 转速;由公式 9 可知
            n_m2(t) = n_out(t) * k2;            % 电机 M2 转速,r/min;
            P_m1(t) = n_m1(t) * T_m1(t)/9550;   % 电机 M1 功率,kW;
            P_m2(t) = n_m2(t) * T_m2(t)/9550;   % 电机 M2 功率,kW;
            Pbatt(t) = P_m2(t)/eta_mor/eta_inv/eta_bat - P_m1(t) * eta_gen * eta_inv * eta_bat;
                                                % 电池提供的功率,kW,由公式 11 可得
            Peng(t) = n_e(t) * T_e(t)/9550;     % 发动机提供的功率,kW
        else
            Peng(t) = 0;
            Pbatt(t) = 0.5 * Preq(t) * eta_j * eta_j;   % 回收的能量对电池进行充电,kW
        end
    end
```

```
if soc > = 0.2&&soc < 0.8
    if (Preq(t)> 0)&&(Preq(t)< = x(1))        % 纯电驱动模式 + 混联模式;X1 用来判断是
                                              % 否进入混联模式
        Treq(t) = 9550 * Preq(t)/n_out(t); % 需求转矩,kW
        Tm2_max(t) = interp1(mc_map_spd, mc_max_trq, n_out(t), 'linear');
                                              % 电机 M2 可以提供的最大转矩,N·m,插值得到;
        T_m2(t) = (Treq(t)/k2 > Tm2_max(t)) . * Tm2_max(t) + (Treq(t)/k2 < = Tm2_max(t)) . * (Treq(t)/k2);    % 当前时刻电机 M2 提供的转矩,N·m,若大于最大转矩则等于最大转矩;
        T_g(t) = (Treq(t)/k2 > Tm2_max(t)) . * (Treq(t) - Tm2_max(t) * k2) + (Treq(t)/k2 < = Tm2_max(t)) . * 0;    % 齿圈转矩,若电机 M2 转矩无法满足,发动机开始工作;
        T_e(t) = ((1 + k1)/k1) * T_g(t);
                                              % 发动机与齿圈 1 转矩之间关系;由公式 10 可知
        T_m1(t) = (1/k1) * T_g(t);    % 电机 M1 与齿圈之间关系;
        n_e(t) = (T_e(t) > 0) . * interp1(t_eng,n_eng,T_e(t),'spline') + (T_e(t)< = 0) . * 0;           % 发动机工作在最优曲线上,插值求其转速;
        n_m1(t) = (Treq(t)/k2 > Tm2_max(t)) . * ((1 + k1) * n_e(t) - k1 * n_out(t)) + (Treq(t)/k2 < = Tm2_max(t)) . * 0;    % 根据行星轮 1 之间关系,求电机 M1 转速;由公式 9 可知
        n_m2(t) = n_out(t) * k2;         % 电机 M2 转速,r/min;
        P_m1(t) = n_m1(t) * T_m1(t)/9550    % 电机 M1 功率,kW;
        P_m2(t) = n_m2(t) * T_m2(t)/9550    % 电机 M2 功率,kW;
        Pbatt(t) = P_m2(t)/eta_mor/eta_inv/eta_bat - P_m1(t) * eta_gen * eta_inv * eta_bat;                 % 电池提供的功率,kW,由公式 11 可得
        Peng(t) = n_e(t) * T_e(t)/9550;    % 发动机提供的功率,kW
    elseif Preq(t)> x(1)                 % 混联模式
        Treq(t) = 9550 * Preq(t)/n_out(t); % 需求转矩,kW
        Peng(t) = x(2) * Preq(t);            % 混联模式下,设置发动机功率与需求功
                                              % 率成正比,且运行在最优工作曲线上;
        n_e(t) = interp1(P_eng,n_eng,Peng(t),'spline','extrap');
                                              % n_e 是发动机的转速,r/min
        T_e(t) = 9550 * Peng(t)/n_e(t);    % T_e 是发动机的扭矩,N·m
        T_g(t) = (k1/(1 + k1)) * T_e(t);   % T_g 是齿圈 1 的扭矩,N·m;由公式 10 可知
        T_m1(t) = (1/k1) * T_g(t);           % T_m1 是电机 M1 的扭矩,N·m
        n_m1(t) = (1 + k1) * n_e(t) - k1 * n_out(t);
                                              % n_m1 是电机 M1 的转速,r/min;由公式 9 可知
        T_m2(t) = (Treq(t) - T_g(t))/k2;   % T_m2 是电机 M2 扭矩,N·m
        n_m2(t) = n_out(t) * k2;             % n_m2 是电机 M2 转速,r/min
        P_m1(t) = n_m1(t) * T_m1(t)/9550;  % P_m1 是电机 M1 的功率,kW
        P_m2(t) = n_m2(t) * T_m2(t)/9550;  % P_m2 是电机 M2 的功率,kW
        Pbatt(t) = P_m2(t)/eta_mor/eta_inv/eta_bat - P_m1(t) * eta_gen * eta_inv * eta_bat;                 % Pbatt 是电池功率
    else                                   % 再生制动;
        Peng(t) = 0;                         % Peng 是发动机功率,kW
        Pbatt(t) = 0.5 * Preq(t) * eta_j * eta_j;        % Pbatt 是电池功率,kW
    end
end
```

```matlab
            if soc >= 0&&soc < 0.2                    % 串联模式;
                Treq(t) = 9550 * Preq(t)/n_out(t);    % 需求转矩,kW
                if Treq(t)> 0
                    Peng(t) = Preq(t);                % 仅发动机工作,发动机提供所有功率;
                    Pbatt(t) = 0;                     % 电池不工作
                else                                  % 再生制动;
                    Peng(t) = 0;                      % 发动机不工作
                    Pbatt(t) = 0.5 * Preq(t) * eta_j * eta_j;  % 电池回收能量
                end
            end
    % 计算发动机消耗
    if Peng(t) == 0
            Q(t) = 0;                                 % Q 是燃油成本
        else
            b(t) = interp1(P_eng,b_eng,Peng(t),'spline','extrap');
                                                      % 插值得出的发动机的燃油消耗率
            Q(t) = Peng(t) * c1 * b(t)/3600/p/1000;   % Q是燃油成本,c1是油价,b是燃油消耗率,
                                                      % "/3600"是将秒换成小时,p是油的密度
    end
        % 计算电池消耗
        I_work = Pbatt(t)/U * 1000;                   % I_work 是电池的工作电流
        % 更新 SOC
        soc1(t) = soc;                                % soc1 是前一秒的 soc
        soc = soc1(t) - I_work/C/3600;                % soc1 是前一秒的 SOC,C 是电池容量 A·h
        soc1(t) = soc;
        B(t) = c2 * (0.8 - soc1(t)) * C * U/1000;     % B 是用电成本,c2 是电价,U 是电压
    sum1 = sum1 + Q(t);
    sum2 = B(t);
    cost(t) = sum1 + sum2 + max(10000 * (0.2 - soc1(t)),0);  % % cost 是实时记载每一次迭代过程中的
                                                              % % 总使用成本
end                                                   % for 循环结束
    % % 计算整个循环结束后的总使用成本 c
sum3 = 0;
sum4 = 0;
for k = 1:1:si(2)
    sum3 = sum3 + Q(k);
    sum4 = B(k);
end
c = sum3 + sum4;
```

附录五　PMP 能量管理优化算法代码

% .m 文件

```
clc
clear
% % 求 Preq
% load('US06.mat')
% % 输入 US06 工况数据,v1 = US06;      % 单位是英里/h
% v = [v1 v1 v1 v1 v1 v1];             % 单位是英里/h
% tt = length(v);                      % 工况总时间(s)
% v_ms = v;
% % v_ms = 1.609344 * v/3.6;          % 将英里/h换算成km/h,再换算成m/s
% load('SUDC.mat')
% v1 = SUDC;                           % 沈阳市区工况数据,单位是m/s
% v = [v1 v1 v1 v1];                   % 单位是m/s
% tt = length(v);                      % 工况总时间(s)
% v_ms = v;
load('SUDCH.mat')
v1 = SUDCH;                            % 沈阳高速工况,单位是km/h
v = [v1 v1 v1 v1];                     % 单位是km/h
tt = length(v);                        % 工况总时间(s)
v_ms = v/3.6;                          % 将km/h换算成m/s
a = v_ms(1);                           % 加速度,m/s²
for i = 2:1:length(v_ms)
    a(i) = v_ms(i) - v_ms(i-1);
end
m = 1300;                              % m 是车重(kg)
Cd = 0.28;                             % Cd 是风阻
A = 2;                                 % A 是迎风面积(m²)
pair = 1.205;                          % 20℃ 的空气密度,kg/m³
delta = 1.1;                           % delta 是汽车旋转质量换算系数
f = 0.015;                             % f 是滚动阻力系数
g = 9.8;                               % g 是重力加速度
r = 0.35;                              % 车轮的半径,m
i_g = 8;                               % 减速器
eff_wheel = 0.95;                      % 减速机的机械效率
eff_batc = 0.2 * 0.95;                 % 电池经过转换器的充电效率为 0.95(能量回收为 0.2);
eff_batf = 0.95;                       % 电池经过转换器的放电效率为 0.95;
eff_apu = 0.93;                        % APU 的效率为 0.93;
R0 = 0.2325;                           % 电池组的内阻为 0.135Ω
Uoc = 335;                             % 开路电压为 335V
Qbat = 40;                             % Qbat 是电池容量,为 40A·h
n_bat = 1488;                          % 设置电池组包含电池个数为 1800 个
m_bat = 0.045;                         % 设置单体电池重量为 0.045kg
Cp_bat = 1206;                         % 设置电池比热容为 1206
% % Pbatt 的约束条件
Pemax = 70;Pemin = 0;                  % 发动机 Pe 最大功率 70kW,最小功率 0kW
Pbmax = 50;Pbmin = -50;                % 电池 Pb 最大功率 50kW,最小功率 -50kW
```

```matlab
%% 扭矩计算
% 车轮的驱动力
PP_motor = [];
NN_motor = [];
TT_motor = [];
EFF_motor = [];
for t = 1:1:length(v_ms)
    Ff = m * g * f;                          % 滚动阻力,N
    Fw = Cd * A * pair * 0.5 * v_ms(t).^2;   % 风阻,N
    Fj = a(t) * m * delta;                   % 加速阻力,a 是行驶加速度,m 是汽车质量,delta 是汽车
                                             % 旋转质量换算系数
    Ft = Ff + Fw + Fj;                       % 总驱动力 ,N
    Pw = Ft * v_ms(t)/1000;                  % 车轮处的功率
    if Pw >= 0
        Pm2 = Pw/eff_wheel;                  % 电机输出功率,减速机之前的效率
    else
        Pm2 = Pw * eff_wheel;                % 电机输出功率
    end
    %% 扭矩计算
    T_wheel = Ft * r;                        % 车轮处的扭矩,N·m
    T_motor = T_wheel/i_g;                   % 电机处的扭矩,N·m
    %% 转速计算
    v_wheel = v_ms(t);                       % 车轮的线速度,m/s
    w_wheel = v_wheel/r;                     % 车轮的角速度,rad/s
    n_wheel = 60 * w_wheel/(2 * 3.1415926);  % 车轮的转速,r/min
    n_motor = n_wheel * i_g;                 % 电机的转速,r/min
    %% 驱动电机效率图                          % efficiency and input power maps
    mc_map_spd = [0 1000 2000 3000 4000 5000 6000 7000 8000 9000 10000];
                                             % (rpm), speed range of the motor
    mc_map_trq = [ -200 -180 -160 -140 -120 -100 -80 -60 -40 -20 0 20 40 60 80 100 120 140 160 180 200] * 1.3;    % (N*m), torque range of the motor
    mc_eff_map = [...
        0.7 0.7 0.7 0.7 0.7 0.7 0.7 0.7 0.7 0.7 0.7 0.7 0.7 0.7 0.7 0.7 0.7 0.7 0.7 0.7 0.7
        0.78 0.78 0.79 0.8 0.81 0.82 0.82 0.82 0.81 0.77 0.7 0.77 0.81 0.82 0.82 0.82 0.81 0.8 0.79 0.78 0.78
        0.85 0.86 0.86 0.86 0.87 0.88 0.87 0.86 0.85 0.82 0.7 0.82 0.85 0.86 0.87 0.88 0.87 0.86 0.86 0.86 0.85
        0.86 0.87 0.88 0.89 0.9 0.9 0.9 0.9 0.89 0.87 0.7 0.87 0.89 0.9 0.9 0.9 0.89 0.88 0.87 0.86
        0.81 0.82 0.85 0.87 0.88 0.9 0.91 0.91 0.91 0.88 0.7 0.88 0.91 0.91 0.91 0.9 0.88 0.87 0.85 0.82 0.81
        0.82 0.82 0.82 0.82 0.85 0.87 0.9 0.91 0.91 0.89 0.7 0.89 0.91 0.91 0.9 0.87 0.85 0.82 0.82 0.82 0.82
        0.79 0.79 0.79 0.78 0.79 0.82 0.86 0.9 0.91 0.9 0.7 0.9 0.91 0.9 0.86 0.82 0.79 0.78 0.79 0.79 0.79
```

```
            0.78  0.78  0.78  0.78  0.78  0.78  0.8  0.88  0.91  0.91  0.7  0.91  0.91
0.88  0.8  0.78  0.78  0.78  0.78  0.78  0.78
            0.78  0.78  0.78  0.78  0.78  0.78  0.78  0.8  0.9  0.92  0.7  0.92  0.9  0.8
0.78  0.78  0.78  0.78  0.78  0.78  0.78
            0.78  0.78  0.78  0.78  0.78  0.78  0.78  0.78  0.88  0.92  0.7  0.92  0.88
0.78  0.78  0.78  0.78  0.78  0.78  0.78  0.78
            0.78  0.78  0.78  0.78  0.78  0.78  0.78  0.78  0.8  0.92  0.7  0.92  0.8
0.78  0.78  0.78  0.78  0.78  0.78  0.78  0.78];
    % 画出电机效率图,contour 是等高线图,contourf 是填充等高线图
    %       [C,h] = contour(mc_map_spd,mc_map_trq,mc_eff_map',5);
                            % 5 为等高线的个数,C 为等高线高度信息,h 为等高线的句柄
    %       clabel(C,h) % 画出等高线的信息
    %       [C,h] = contourf(mc_map_spd,mc_map_trq,mc_eff_map',5);
                            % 5 为等高线的个数,C 为等高线高度信息,h 为等高线的句柄
    %       clabel(C,h) % 画出等高线的信息
    %       set(gca,'XLim',[0 10]);       % X 轴的数据显示范围
    %       set(gca,'YLim',[ - 500 500]); % X 轴的数据显示范围
    Nx = n_motor;Ty = T_motor;            % 插值求效率
    eff_motor = interp2(mc_map_spd,mc_map_trq,mc_eff_map',Nx,Ty,'spline');
    if Ty > = 0
        Pm1 = Pm2/(eff_motor);            % 电机的输入功率,驱动
    else
        Pm1 = Pm2 * eff_motor;            % 电机的输入功率,回收
    end
    NN_motor = [NN_motor n_motor];        % 存储电机转速
    TT_motor = [TT_motor T_motor];        % 存储电机扭矩
    EFF_motor = [EFF_motor eff_motor];    % 存储电机效率
    PP_motor = [PP_motor Pm1];            % 存储电机输入功率
end
Preq = PP_motor;                          % 需求功率等于驱动电机的输入功率
% Pemin = repmat(Pemin,1,tt);Pemax = repmat(Pemax,1,tt);
% Pbmax = repmat(Pbmax,1,tt);Pbmin = repmat(Pbmin,1,tt);
for t = 1:tt
    if Preq(t)> 0                         % 驱动
        Pbatt_max(t) = min(Preq(t)./eff_batf,Pbmax);
        Pbatt_min(t) = 0;
    else                                  % 回收
        Pbatt_max(t) = 0;
        Pbatt_min(t) = Preq(t). * eff_batc;
    end
end
% % 求哈密顿函数
lambda_a = 0.07;                          % 设置初始的 $\lambda_1$
T0 = 38;                                  % 设定初始温度为 55℃
T_z = T0;                                 % 第一秒的 SOC 等于初始 SOC
```

```
%  SOCzz = 0.2;                              % 设定终止 SOC 为 0.2
   Tzz = 10;                                 % 设定期望的终止温度
   Tair = T0;                                % 设定电池初始环境温度等于周围空气温度,
为 40℃
   Tamb = Tair + 273.15;                     % 将环境温度换成开尔文温度
   T = Tamb;                                 % 设置初始电池温度 T_s = 环境温度
   SOC0 = 0.9;                               % 设置初始 SOC
%  Tac = Tair;                               % 设置散热风冷温度,30℃
%% 风机设定默认工作状态
FF = [0 10 15 20 25 30 35 40 45 50 55 60  65  70  75  80  85  90  95  100;
      0 700 950 1150 1500 1700 1900 2100 2300 2550 2700 2800 3000 3150 3100 3080 3100 3100 3100
3100;
      0 1.175 1.575 2.15   2.5 2.975 3.425 3.835 4.25 4.7 4.86 5.225 5.485 5.675 5.79 5.7 5.76
5.73 5.76 5.775];                            % 风机特性曲线,第一行是占空比,第二行是风机的转速,第三行是风速
z_f = 0;                                     % 设置风机的占空比 10%
zz_f = find(FF(1,:) == z_f);                 % 查表,找到占空比对应的风机参数的列数
n_f = FF(2,zz_f);                            % 查表,风机的转速
v_f = FF(3,zz_f);                            % 查表,风机的风速
v_b = 0.36 * v_f;                            % 根据 ANSYS 的风速衰减仿真,获得电池最内侧面的风速,0.36 * 入口
                                             % 风速 = 出口平均风速
Re = v_b * 0.018 * 10^6/15.06;               % 雷诺数,0.018 是电池的直径,15.06 * 10^-6 是空气运动黏性系数
Nu = 0.24 * Re^0.63;                         % Nu 是努塞尔数;
hA = 0.978 * Nu * 0.023/0.018;               % 0.978 是管排数修正系数,0.023 为空气的导热系数,W/(m·K);
                                             % 0.018 为电池直径,m
% hA = 15;                                   % 设置电池热对流系数为 20,空气自然对流系数 5 ~ 25,气体强制对
                                             % 流系数 20 ~ 300
S = 0.004184;                                % 设置单体电池的表面积,R = 18mm,h = 65mm
%% PMP 计算
LMDA = [ ];                                  % 记录协态变量值
IIIqq = [ ];                                 % 记录累积目标函数
SOCZ = [ ];                                  % 记录每一个协态变量对应的 SOC 值
TTZ = [ ];                                   % 记录温度
COST1 = [ ];                                 % 记录不同协态变量对应的油电成本
COST2 = [ ];                                 % 记录不同协态变量对应的油电老化成本
COST3 = [ ];                                 % 记录不同协态变量对应的老化成本
% while T_z - Tzz >= 0.001                   % 如果到达期望温度 26,则循环结束
    Pbat_tol = [ ];
    Peng_tol = [ ];
    SOC_tol = [ ];                           % 记录 SOC
    T_tol = [ ];                             % 记录每一秒的温度变化率,单位 K/s
    TT = [ ];                                % 记录每一秒的开尔文温度,单位 K
    HHA = [ ];                               % 记录每一秒的对流换热系数
    ZZ_f = [ ];                              % 记录每一秒的风机占空比
    IIS = [ ];                               % 记录每一秒的电流
    B = [ ];                                 % 将权重进行存储
```

```
    TTac = [];                %将空调冷却风温度进行存储,℃
    for t = 1:1:tt
        %% 设置正常空调温度变化
        if t < 186              %设置空调温度变化,温度从环境温度38℃经过186s降到26℃
            Tac = Tair - 0.0643 * t;
        else
            Tac = 26;
        end
        %% 空调失效
%       if t < 700              %设置空调温度变化,温度从环境温度45.3℃经过300s降到26℃
%           Tac = Tair - 0.01042857 * t;
%       else
%           Tac = 38;
%       end
                %% 空调失效
%           Tac = 38;
        Preq_t = Preq(t);       %从每秒需求功率库中得到当前时刻的需求功率
        %% 风机占空比设置
                Tc = (T - (26 + 273.15));   %Tc,当前温度与40℃的温差,为了避免噪声,风扇
                                            %低速运转,风扇随温度增加,增加占空比
            if Tc < 1
                z_f = 15;                   %设置风机的占空比10%
            elseif Tc >= 1 && Tc < 2
                z_f = 20;                   %设置风机的占空比10% Tc < 1
            elseif Tc >= 2 && Tc < 3
                z_f = 25;                   %设置风机的占空比10% Tc < 1
            elseif Tc >= 3 && Tc < 4
                z_f = 30;                   %设置风机的占空比10% Tc < 1
            elseif Tc >= 4 && Tc < 5
                z_f = 35;                   %设置风机的占空比10% Tc < 1
            elseif Tc >= 5 && Tc < 6
                z_f = 40;                   %设置风机的占空比10% Tc < 1
            elseif Tc >= 6 && Tc < 7
                z_f = 45;                   %设置风机的占空比10% Tc < 1
            elseif Tc >= 7 && Tc < 8
                z_f = 50;                   %设置风机的占空比10% Tc < 1
            elseif Tc >= 8 && Tc < 9
                z_f = 55;                   %设置风机的占空比10% Tc < 1
            elseif Tc >= 9 && Tc < 10
                z_f = 60;                   %设置风机的占空比10%
            elseif Tc >= 10 && Tc < 11
                z_f = 65;                   %设置风机的占空比10% Tc < 1
            elseif Tc >= 11
                z_f = 70;                   %设置风机的占空比10%
            end
```

```matlab
%                z_f = 0;                   % 散热系统完全失效
                 zz_f = find(FF(1,:) == z_f);   % 查表,找到占空比对应的风机参数的列数
                 n_f = FF(2,zz_f);              % 查表,风机的转速
                 v_f = FF(3,zz_f);              % 查表,风机的风速
                 v_b = 0.36 * v_f;              % 根据 Ansys 的风速衰减仿真,获得电池最内
                                                % 侧面的平均风速
                 Re = v_b * 0.018 * 10^6/15.06; % 雷诺数,0.018 是电池的直径,15.06 * 10^-6
                                                % 是空气运动黏性系数
                 Nu = 0.24 * Re^0.63;           % Nu 是努塞尔数;
                 hA = 0.978 * Nu * 0.023/0.018; % 0.978 是管排数修正系数,0.023 为空气的导
                                                % 热系数,W/(m·K);0.018 为电池直径,m
                 p = (Pbatt_min(1,t):0.1:Pbatt_max(1,t));% 离散化控制变量,Pbat,间隔为 0.1
                 c = size(p);                   % 获取行列式的大小、行数和列数
                 HH = [];
                 for cc = 1:1:c(1,2)
                     x = p(1,cc);               % 遍历功率离散区间的每一个数
                     if  Preq_t> 0              % 驱动
mf = (0.0004227. * ((Preq_t - x * eff_batf)/eff_apu).^2 + 0.06234 * ((Preq_t - x * eff_batf)/eff_
apu) + 0.07302);                                % 燃油消耗率
                         J2 = (0.5. * x./3600); % 瞬时用电成本
                     else                       % 回收
                         mf = 0;                % 燃油消耗率
                         J2 = (0.5. * (x)./3600);% 瞬时用电成本
                     end
                     Is = (Uoc - (Uoc^2 - 4. * R0. * 1000 * x).^0.5)./(2 * R0);
                                                % 电池组每秒的电流,A
                     s = 0.001333;              % 燃油价格换算系数 s 的目的是将燃油价格由
                                                % (元/L)换算成(元/g)
                     je = 7;                    % 燃油价格,7 元/L
                     J1 = je * s * mf;          % 瞬时燃油成本
                     Iss = Is/16;               % 电池单体每秒的电流,A
                     Ic = abs(Iss./2.5);        % 电池单体 C 率
                    Abat = 32350 * exp(-0.3375 * Ic) + 4041 * exp(0.1271 * Ic);% 前因子拟合公式
                     Rg = 8.314;                % 理想气体常数
                     AH_nom = ((20./(Abat. * exp((-31700 + 370.3 * Ic)./(Rg * T)))).^(1/0.55));
                                                % 实际情况单体电池的 AH 吞吐量
                     J3 = 1488 * 10 * abs(Iss)./(3600 * AH_nom);        % 瞬时电池损耗成本
Ts = (((Is/16)^2) * 0.04 + (Is/16) * T * (4 * 10^(-4)) - hA * (T - (Tac + 273.15)) * S)/(m_bat *
Cp_bat);                                        % 单体电池温升速率
                     SOCs = -Is./(Qbat * 3600); % 每一秒的 SOC 变化率
                     H = J1 + ...               % 燃油消耗成本
                         J2 + ...               % 用电成本
                         (J3) + ...             % 老化成本
```

```
                       (lambda_a).*Ts;           % 协态变量1*温度变化率
                   HH(cc) = H;
               end
           [hmin,l] = min(HH);                   % 获取最小的H及其所在的位置,hmin是最小
                                                 % 的H值,l是最小的H值所在的位置
           Pbat_arg = p(l);
%              if Pbat_arg >= 35.5
%                  Pbat_arg = 35.5;              % 这一秒的最优电池功率
%              else
%                  Pbat_arg = Pbat_arg;
%              end
           if Preq_t > 0                          % 驱动
               Peng_arg = (Preq_t - Pbat_arg * eff_batf)/eff_apu;
           else
               Peng_arg = 0;
               Pbat_arg = Preq_t * eff_batc;
           end
           Is = (Uoc - (Uoc^2 - 4.*R0.*1000 * Pbat_arg).^0.5)./(2 * R0);
                                                 % 电池组每秒的最优电流,A
           SOCs = - Is./(Qbat * 3600);           % 每一秒的SOC变化率
Ts = (((Is/16)^2) * 0.04 + (Is/16) * T * (4 * 10^(-4)) - hA * (T - (Tac + 273.15)) * S)/(m_bat *
Cp_bat);                                         % 这一秒的温度变化
                   T = T + Ts;                   % 当前时刻的温度
           IIS = [IIS Is];                       % 存储整个工况的电池组电流
           Pbat_tol = [Pbat_tol Pbat_arg];       % 存储整个工况的最优电池组功率
           Peng_tol = [Peng_tol Peng_arg];       % 存储整个工况的最优发动机组功率
           SOC_tol = [SOC_tol SOCs];             % 存储整个工况的最优SOC变化
           T_tol = [T_tol Ts];                   % 存储整个工况的最优温度率变化
           ZZ_f = [ZZ_f z_f];                    % 存储每一时刻的占空比
           HHA = [HHA hA];                       % 将每秒的热对流系数进行存储
           TT = [TT T];                          % 将每秒的开尔文温度进行存储
           TTac = [TTac Tac];                    % 将空调冷却风温度进行存储
           TT_c = TT - 273.15;                   % 整个过程的摄氏温度变化,单位℃
           SOCC = SOC0 + cumsum(SOC_tol,2);      % 记录整个工况SOC变化
   end
   LMDA = [LMDA lambda_a];                       % 记录协态变量的值
   SOCZ = [SOCZ,
       SOCC];                                    % 记录不同协态变量对应的SOC
   TTZ = [TTZ,
       TT_c];                                    % 记录不同协态变量对应的温度
   %% 计算成本
Cost_mf = (0.0004227.*(Peng_tol).^2 + 0.06234 * (Peng_tol) + 0.07302);
                                                 % 整个工况的燃油消耗率
J11 = je * s * Cost_mf;;                         % 整个工况的瞬时燃油成本
```

```matlab
        J22 = (0.5. * Pbat_tol/3600);                       % 整个工况的瞬时用电成本
        % Is = (Uoc - (Uoc^2 - 4. * R0 * 1000 * Pbat_tol).^0.5)./(2 * R0);  % 电池组每秒的电流,A
        Iss = IIS/16;                                       % 电池单体每秒的电流,A
        Ic = abs(Iss./2.5);                                 % 电池单体的C率
        Abat = 32350 * exp( - 0.3375 * Ic) + 4041 * exp(0.1271 * Ic);   % 前因子拟合公式
        Rg = 8.314;                                         % 理想气体常数
        AH_nom = ((20./(Abat. * exp(( - 31700 + 370.3 * Ic)./(Rg * TT)))).^(1/0.55));
                                                            % 单体电池实际情况的AH吞吐量
        J33 = 1488 * 10 * abs(Iss)./(3600 * AH_nom);        % 1488块电池,一个电池10元,整个工况的瞬
                                                            % 时电池损耗成本
        Cost_s1 = J11 + J22;                                % 整个工况的瞬时成本(油电)
        Cost1_tol = cumsum(Cost_s1);                        % 整个工况的累加成本(油电)
        Cost1_z = Cost1_tol(1,end);                         % 整个工况的总油电成本(油电)
        Cost_s2 = J11 + J22 + J33;                          % 整个工况的瞬时成本(油电老化)
        Cost2_tol = cumsum(Cost_s2);                        % 整个工况的累加成本(油电老化)
        Cost2_z = Cost2_tol(1,end);                         % 整个工况的总油电老化成本(油电)
        Cost_s3 = J33;                                      % 整个工况的瞬时老化成本
        Cost3_tol = cumsum(Cost_s3);                        % 整个工况的累加成本(油电老化)
        Cost3_z = Cost3_tol(1,end);                         % 整个工况的总油电老化成本(油电)
        Bloss = abs(Iss)./(3600 * AH_nom);                  % 整个工况的瞬时寿命损失
        Bloss_tol = 100 * cumsum(Bloss);                    % 整个工况的瞬时寿命损失(%)
        Qc = 1488 * (((Iss).^2). * 0.04 + (Iss). * TT. * (4 * 10^( - 4)))./(m_bat * Cp_bat);
                                                            % 瞬时产热量对比
        Qc_tol = cumsum(Qc);                                % 整个工况的产热量(%)
        Qs = 1488 * (HHA. * (TT - (TTac + 273.15)). * S)./(m_bat * Cp_bat);   % 瞬时散热量对比
        Qs_tol = cumsum(Qs);                                % 整个工况的散热量(%)
        Hs = Cost_s2;                                       % 瞬时目标函数
        Hq = cumsum(Hs);                                    % 累积目标函数
        Hz = sum(Hs,2)                                      % 总的目标函数
        HHqq - [IIIqq Hz];                                  % 记录累积目标函数
        COST1 = [COST1 Cost1_z];                            % 记录不同协态变量对应的油电成本
        COST2 = [COST2,Cost2_z];                            % 记录不同协态变量对应的油电老化成本
        COST3 = [COST3,Cost3_z];                            % 记录不同协态变量对应的老化成本
        % if length(HHqq) == 1
        %     continue
        % else
        %     Hzt = HHqq(1,length(HHqq) - 1);               % 上一次的累积目标函数
        % if HHqq(1,length(HHqq))> HHqq(1,length(HHqq) - 1)
        %     break
        % end
        % end
            T_z = TT_c(1,length(TT_c));                     % 终止时刻的温度,℃
            lambda_a = lambda_a + 0.01
            T = Tamb;
        % end
```

附录

```matlab
% % 计算成本
% Cost_mf = (0.0004227.*(Peng_tol).^2 + 0.06234*(Peng_tol) + 0.07302);
                                                 % 整个工况的燃油消耗率
% J11 = je*s*Cost_mf;;                           % 整个工况的瞬时燃油成本
% J22 = (0.5.*Pbat_tol/3600);                    % 整个工况的瞬时用电成本
% Is = (Uoc-(Uoc^2-4.*R0.*1000*Pbat_tol).^0.5)./(2*R0);  % 电池组每秒的电流,A
% Iss = IIS/16;                                  % 电池单体每秒的电流,A
% Ic = abs(Iss./2.5);                            % 电池单体的C率
% Abat = 32350*exp(-0.3375*Ic) + 4041*exp(0.1271*Ic);    % 前因子拟合公式
% Rg = 8.314;                                    % 理想气体常数
% AH_nom = ((20./(Abat.*exp((-31700+370.3*Ic)./(Rg*TT)))).^(1/0.55));
                                                 % 单体电池实际情况的AH吞吐量
% J33 = 1488*10*abs(Iss)./(3600*AH_nom);         % 1488块电池,一个电池10元,整个工况的瞬
                                                 % 时电池损耗成本
% Cost_s1 = J11 + J22;                           % 整个工况的瞬时成本(油电)
% Cost1_tol = cumsum(Cost_s1);                   % 整个工况的累加成本(油电)
% Cost_s2 = J11 + J22 + J33;                     % 整个工况的瞬时成本(油电老化)
% Cost2_tol = cumsum(Cost_s2);                   % 整个工况的累加成本(油电老化)
% Bloss = abs(Iss)./(3600*AH_nom);               % 整个工况的瞬时寿命损失
% Bloss_tol = 100*cumsum(Bloss);                 % 整个工况的瞬时寿命损失(%)
% Qc = 1488*(((Iss).^2).*0.04+(Iss).*TT.*(4*10^(-4)))./(m_bat*Cp_bat);
                                                 % 瞬时产热量对比
% Qc_tol = cumsum(Qc);                           % 整个工况的产热量(%)
% Qs = 1488*(HHA.*(TT-(TTac+273.15)).*S)./(m_bat*Cp_bat);
                                                 % 瞬时散热量对比
% Qs_tol = cumsum(Qs);                           % 整个工况的散热量(%)
% % % 计算目标函数
% for t = 1:1:tt
%     Hs = (1-B).*Cost_s2./M1 + B.*T_tol./M4;    % 瞬时目标函数
% end
% Hq = cumsum(Hs);
```